平凡社新書
1048

アメリカのイスラーム観
変わるイスラエル支持路線

宮田律
MIYATA OSAMU

HEIBONSHA

アメリカのイスラーム観●目次

第三章 変わりつつあるアメリカの対イスラーム観

はじめに

二〇二三年一〇月末、ミシガン州、オハイオ州、ペンシルヴァニア州など、選挙を左右する激戦州の民主党指導者で構成する全米イスラーム民主評議会は、バイデン大統領に対してイスラエルに圧力をかけてガザ攻撃の停戦を促すように公開書簡「二〇二三年最後通牒」で要求した。この書簡の中でアメリカのムスリム（イスラーム教徒）、アラブ人、また連帯する有権者たちは、イスラエルのガザ攻撃を支持する候補者への支持と投票を控えることを明らかにした。

二〇二〇年の大統領選挙ではアメリカのムスリムの六四％がバイデン氏に、他方三五％がドナルド・トランプ前大統領に投票した。アメリカにはアラブ系市民が三七〇万人ほど暮らすが、バイデン大統領のイスラエル支持の姿勢を受けてバイデン氏の支持率はアラブ・イスラーム系住民たちの間で低下したという世論調査も現れた。バイデン大統領が二〇二三年一一月中旬になってイスラエルに対して停戦の圧力をかけたのも、さらにはイスラエル・パレスチナの「二国家共存が解決」と発言するようになったのもムスリム系市民の影響力が大きい。

アメリカ社会の多様性について、自らもアイルランド移民の孫であったジョン・F・ケネディは、アメリカを「対等な地歩から人生を再出発した、移民の社会。古い伝統の記憶がまだ失せぬうちに、未開の分野を切り拓こうとする人々の国——これがアメリカの秘訣である」と形容した。

互いに相違点があることは認めよう。
たとえ今すぐ相違点を克服できないにしても、
少なくとも多様性を認められるような
世界を作る努力はできるはずだ。

——ジョン・F・ケネディ

トランプ前大統領は一部のイスラーム系諸国からの移民を禁止するなど、彼のイスラーム嫌いは明白であったが、ムスリムは合衆国建国当初からその政治・文化・社会に貢献した。ジョージ・ワシントンとともにアメリカの独立戦争を戦った兵士に北アフリカ出身のアラブ人のバムペット・ムハンマドとユースフ・ムハンマドがいる。また、一七八六年にアメリカ合衆国を最初に承認したのは、イスラームの国であるモロッコであり、友好・平和条約を結び、現在でもこの条約は機能している。

イスラームはアメリカの様々な音楽ジャンルにも貢献している。イスラームの礼拝への呼びかけである「アザーン」がアメリカの音楽ブルースの起源になった。アメリカの人種差別の中で、ブラック（黒人）・ムスリムたちは日本でも一時期絶大な人気があったモダン・ジャズの世界をつくり上げ、世界音楽の一大潮流になった。またアメリカン・ポップスの形成に活躍・貢献したトルコ人プロデューサーたちもいた。さらに一九八〇年代、九〇年代にヒップホップによって多くの音楽ファンがムスリム文化やイスラームに接することになった。ヤースィン・ベイ（モス・デフ、一九七三年生まれ）やT－ペイン（一九八四年生まれ）、ラキム（一九六八年生まれ）などは、イスラームの宗教心情を、ヒップホップを通じて表現していった。アメリカのポップ・シーンが実に多様に、豊かなものになり、世界的な注目や人気を集めた背景にはイスラーム文化を担ったムスリムたちの活躍があったと言っても過言ではない。オマル・ハイヤームなどのイラン（ペルシア）の詩人も、歌手でノーベル文学賞受賞者のボブ・ディランに影響を与えるなど、イスラーム世界の詩歌はアメリカのポピュラー音楽の形成に役立った。

また、スポーツ分野では世界ヘビー級のチャンピオンだったモハメド・アリ（一九四二

〜二〇一六年）は五六勝して、そのうちノックアウト勝ちが三七回、敗戦はわずかに五と圧倒的な強さで、ボクシング界に伝説を残し、世界でも圧倒的な人気を誇った。
アリはイスラームに改宗する一方で、アメリカをはじめ世界に宗教や人種を超えた普遍的価値観である愛を再確認させた。狭量な宗派・民族紛争、さらには欧米諸国や日本でも見られる人種・民族的偏見を慈愛の精神で乗り越えることができると彼の人生は教えていた。

いかなる理由があろうとも、
殺人に加担することはできない。
アラーの教えに背くわけにはいかない。

人種間の差別撤廃を訴える公民権運動が高揚していた時期に、アリが神の前の平等を説くイスラームに入信し、ベトナム戦争への徴兵を忌避したことで、イスラームは公民権運動やベトナム反戦運動にも多大なエネルギーを注入することになった。
アメリカ政治の象徴とも言えるワシントンDCの議事堂もイスラームの建築様式に基づいて造られるなど、アメリカの由緒ある建造物は少なからずイスラームの文化・伝統に根づくものだ。九・一一の同時多発テロで倒壊したニューヨークの世界貿易センタービルの

アメリカ・ワシントンDC報道博物館「アメリカの2000年代 9・11、イラク戦争」（著者提供）

設計を行ったミノル・ヤマサキ（一九一二〜八六年）もそこにイスラーム的空間やデザインをもたらし、東西文化の融合や人々のくつろぎを考えた。世界貿易センタービルは本来、アメリカなど欧米とイスラームの宥和の象徴として考えられ、建てられたものだった。

また、あまり知られていないが、日本人の多くが好んで食べるソフトクリームのコーンもムスリムの食文化によって生まれた。一九〇四年にセントルイスで開かれた「ワールド・フェア」でアイスクリームの売店で紙カップが品切れとなったところ、隣の売店でシリア系移民のアーネスト・ハムウィがシリアの伝統菓子ザラービーヤを売っており、それにアイスクリームを入れて売ったのがソフトクリームの始まりと言われている。イスラーム世界の焼肉であるケバブは現在、アメリカでも欠くことができないファーストフードになっている。

このように、ムスリムたちがアメリカの文化・社会に多大な貢献をする一方で、第二次世界大戦後、アメリカはレバノン駐留、湾岸戦争、アフガニスタン・イラク戦争など、中東イスラーム世界への軍事介入を続けている。一方、パレスチナを占領するイスラエルに、その行為が国際法に違反しても絶対的な支持を与えてきた。それがアメリカの不義として一部のムスリムたちから強く反発され、二〇〇一年の九・一一のような大規模テロ事件も発生した。アメリカはテロを武力で制圧、撲滅しようとしたが、イラクやアフガニスタンでは米軍を狙った攻撃（アメリカから見れば「テロ」ということになるが）が多発するようになり、イラクでは米兵に四四三一人、またアフガニスタンでも二四五六人の犠牲者が出て、これらの二国から敗北するように米軍は撤退した。特にアフガニスタンではアメリカが軍事力を行使してタリバン（原音の発音だと「ターリバーン」、学生たちの意）政権を打倒したものの、その二〇年後、アメリカがつくった体制はタリバンによって武力で倒され、タリバン政権が二〇二一年に復活した。アフガニスタンでのアメリカの戦いは無意味だったと思われても仕方がなかった。

アメリカはイランでも一九五三年にＣＩＡが民主的に選ばれたモサッデグ政権を崩壊させたが、それによって成立した国王体制は弾圧政治を行い、また文化的にも欧米化政策を追求した。弾圧政治の背後にアメリカがいると思われ、また文化や社会のアメリカ化を嫌った保守的な宗教指導者たちが中心となった一九七九年のイラン革命は極端に反米的な性格をもち、七九年から八一年にかけてイランの首都テヘランにあるアメリカ大使館は急進的な学生たちによって占拠され、また館員たちは人質にとられるなど、アメリカの威信は大きく傷ついた。

イランのイスラームの宗教指導者たちの反米の訴えは、少なからぬアメリカ人にイスラームに対する敵意と誤解、またイスラームのネガティブなイメージをもたらしたが、それはアメリカ国内のムスリムに対する暴力的襲撃などのヘイト・クライムにもなってきた。

本書では、テロなどをめぐる現在のアメリカとイスラーム世界に横たわる問題を紹介し、アメリカの対イスラーム観の歴史的展開や、人種的平等を求める公民権運動とイスラームの関わり、また変容しつつあるアメリカ人のイスラームに対するイメージを検討する。さらに、アメリカの政治・社会におけるイスラームの歴史や、アメリカのポップカルチャーとイスラームとの関係、アメリカ支配に対する反発からパレスチナなどイスラーム世界と共感するラテンアメリカ諸国の動静を紹介し、さらに世界の平和や安定、秩序構築のためにアメリカとイスラームの関係はどうあるべきかを考察していく。アメリカとイスラームの関係は国際関係や国際政治を見る上で重要であることは言うまでもない。

第二次世界大戦後、特に冷戦の終焉後、アメリカの主要な戦争はイスラーム世界を舞台に行われ、またイスラームに訴える大規模なテロはアメリカをはじめとする欧米社会を標的にしてきた。アメリカはイスラームにどう向き合うべきか、日本人に従来あまり知られてこなかったアメリカとイスラームの関係を明らかにし、アメリカのイスラームに対する観察や姿勢がポジティブに変化すれば、それが国際社会の秩序や安定、平和にとっていかに重要な貢献となるかを訴え、主張してみたい。

第一章　現代世界に横たわるアメリカ・イスラーム問題

ベトナム戦争とアフガン戦争のアナロジー

二〇〇一年九月一一日に、アメリカで四機の旅客機が乗っ取られ、そのうちの二機がニューヨーク・世界貿易センタービルに、また一機がワシントンDCの国防総省に突入し、さらに一機はピッツバーグ郊外に墜落するという同時多発テロが発生した。このテロでは、およそ三〇〇〇人が犠牲になった。アメリカのブッシュ大統領は、直ちに「テロとの戦争」を呼びかけ、同年一〇月中旬にアフガニスタンへの攻撃を開始した。

アメリカ政府が当時のアフガニスタンのタリバン政権を打倒しようとしたのは、タリバンが同時多発テロの首謀者と見なされたオサマ・ビンラディンが率いる過激派組織アルカイダをかくまっていると考えたためだ。アメリカは一九九一年の湾岸戦争でイラクを攻撃し、五万人とも一〇万人とも見積もられるイラク兵やイラク市民を殺害した。さらにこの戦争でイスラームの聖地メッカ（マッカ）やメディナがあるサウジアラビアに米軍を駐留させた。加えて、イスラーム同胞であるパレスチナ人を殺害し、イスラームの聖地でもあるエルサレムを軍事占領するイスラエルを偏って支援しており、これにビンラディンは憤り、アメリカに対するテロを画策、追求するようになった。実際、アルカイダは一九九八年八月にケニア、タンザニアの米大使館を同時多発的に爆破し、二二四人が犠牲になったことがあり、アルカイダはアメリカにとって深刻な安全保障上の脅威となっていた。

米軍をはじめとするNATO主体の有志連合軍の圧倒的な軍事力によって二〇〇一年一一月にタリバン政権は崩壊し、翌一二月にアメリカの後押しでアフガニスタンの新体制が発足したものの、タリバン勢力は根強く武力による抵抗を続けていった。

米軍が駐留してもアフガニスタンでタリバンの勢力が決して衰えなかったのは、アメリカを後ろ盾にするアフガン政府に対する国民の信頼がなかったからだ。政府・軍幹部の腐敗は深刻で、二〇二〇年七月にアメリカ政府のアフガニスタン復興担当特別監察官事務所（SIGAR）は、カンダハル、ザブール、ウルズガン、ヘルマンドの南部四州の警官の五〇〜七〇%が実在せずに、実在しない兵士や警官の給料は軍や警察の幹部が着服し、また警官の約半数が薬物に手を染めていると報告した。アフガニスタンは、国家予算の六割以上を国際社会からの支援に依存していたが、その少なからぬ部分が着服され、政府・軍高官の腐敗もまたタリバンへの支持を強めることとなり、タリバンは既述の南部四州でとりわけ強力になった。政府高官には、国民に不人気な体制の崩壊を見越して腐敗による蓄財によってドバイにコンドミニアムを購入し、家族とともに贅沢な暮らしを享受する者たちも現れた（The Bureau of Investigative Journalism〔調査報道局〕二〇一九年一一月四日付）。

アメリカは二〇二一年五月から強まったタリバンの攻勢に対して外交努力で対応しよう

とした。米アフガン和平担当特別代表ザルメイ・ハリルザドを通じてカタール・ドーハで開かれるタリバンとの和平交渉で軍事攻勢の停止を求めたが、軍事的に優位になりつつある中でタリバンがアメリカの要求に応じる気配はほとんどなかった。

米軍がアフガニスタンから撤退する頃、アフガニスタンが再び国際テロの拠点になる可能性を指摘するイギリス軍の元司令官もおり、その危惧の通りアフガニスタンではIS（「イスラーム国」）の活動が顕著に見られるようになっていく。中央アジアからアフガニスタン、パキスタン、インド、スリランカで活動する過激派組織「ISホラサーン州（ISKP）」の兵士たちの多くはウズベク人とタジク人、またウイグル人と見られ、中央アジア諸国や中国、さらにはロシアにとって重大な脅威となっている。二一年七月末に中国の王毅国務委員兼外相とタリバン幹部のバラダル師が天津で会談したが、中国の目的には、タリバン政権の成立を見越して経済協力の可能性を探るとともに、アフガニスタンで活動するウイグル人武装勢力の情報をタリバンに提供してもらうことがあった。

米軍は、二〇二一年八月にアフガニスタンから撤退し、結局ベトナム戦争の際に南ベトナムを見捨てたことの二の舞となってしまった。実際、アフガニスタンでは一九八九年二月にソ連軍が撤退すると、その三年後の九二年にソ連軍が支えていた共産党政権が崩壊し、内戦状態に陥り、内戦の混乱の中から人々に平和と安定を約束するイスラーム主義勢力のタリバンが台頭した。ただ、二〇二一年の場合はソ連軍の撤退とは異なって米軍の撤退とほぼ同時にアメリカが支えていた体制は崩壊した。タリバンは一九九六年からアフガニスタンの大部分を実効支配したが、女性の就学や音楽を禁じるなどその極端な原理主義的方策もあって、正統な政府として認めたのは、サウジアラビア、UAE、パキスタンの三カ国に過ぎなかった。二〇二一年八月に復権した後も、二三年八月の時点で、タリバンを正式な政権として認知した国はなく、中国やロシアなど数少ない国が外交的対話のみを行うなど国際的孤立が明白になっている。

外国市民の保護を放棄する米軍――アフガニスタンのケースは繰り返される

二〇二一年八月、タリバンによるアフガニスタンの首都カブールへの進撃に際して米軍は旧政権を守るための行動を一切とらなかった。同年九月二三日付の朝日新聞の記事によれば、米軍とタリバンの間では合意ができていて、米軍が撤退する八月いっぱいは、タリバンは首都に侵攻しないことになっていたというから、アメリカはアフガニスタンの旧政権を見限り、その崩壊をあたかも既定の路線として確信していたということだった。

同盟勢力、あるいは同盟国でもあっさり切り捨てることは、南ベトナムのサイゴン政権や、近年ではトランプ政権のシリア撤退で、ＩＳとの戦闘でともに戦っていたクルド勢力への支援を容易に打ち切ったことにも見られた。また、アメリカの介入は、これまでにもラオスやカンボジア、中米のニカラグアやグアテマラ、エルサルバドルの混迷、また近年ではイラクの混迷をもたらした。

アメリカが最も優先するのは自国の国益であることは言うまでもなく、そういう意味では、米軍のアフガニスタンからの撤退は日米同盟にも教訓を与えるものでもあり、日本は東アジアで独自の賢明な外交を行っていくことが求められている。

アフガニスタンの人々が、女性の人権を侵害し、諸々の自由を剝奪すると批判されるタリバン支配の下に置かれることにアメリカは抵抗することなく、また躊躇もなく撤退していった。国際連合世界食糧計画（WFP）も、アフガニスタンでは日々の食料が十分な家庭は五％に過ぎないと、タリバン復権直後の九月二二日に報告したが、米軍撤退後の混乱の責任の一端はアメリカにもあることはまぎれもない。

アメリカの軍事介入が混乱をもたらし、かつ市民の保護まで放棄することは、一九八二年のレバノンでも見られた。一九八二年六月にイスラエルは、レバノンのPLO（パレスチナ解放機構）を駆逐することを図って、レバノン侵攻を行い、ベイルートを空爆し、一万七〇〇〇人のパレスチナ難民やレバノン市民が犠牲になった。アメリカは停戦の仲介を行い、停戦合意では、レバノンからPLOが撤退し、イスラエル軍が首都ベイルートの外に留まることになった。

同年八月にレーガン政権は、米海兵隊をレバノンに派遣し、またフランス軍やイタリア軍もそれに従って駐留するようになった。同じ八月下旬にレバノン・マロン派の親イスラエル民兵組織「ファランヘ党」の指導者バシール・ジュマイエルがレバノン国会によって次期大統領に選出されたが、九月一四日、就任する前に彼は爆殺された。

これによってイスラエルは停戦合意を破棄して、サブラー・シャティーラというパレスチナ人難民キャンプを含む西ベイルートを占領したが、難民キャンプには数千人のパレスチナ人が暮らしていた。イスラエルのアリエル・シャロン国防相は、PLOの「テロリスト」がサブラー・シャティーラに身を潜めていると主張したが、そこにはイスラエル軍をベイルートに駐留させたいシャロンのウソがあった。ジュマイエルの報復に立ったファランヘ党の民兵たちは、九月一六日夕刻からイスラエル軍の照明弾発射などの協力を得て、難民キャンプの住民たちの虐殺を行い、二〇〇〇人から三〇〇〇人とも見積もられる難民たちが犠牲になった。

アメリカはパレスチナ人難民の安全を保障すると約束し、駐留していた米軍には虐殺を防ぐ力があったにもかかわらず、イスラエル軍やファランヘ党の行為を止めることはなかった。パレスチナ難民たちは無責任なアメリカ政府の姿勢の犠牲になったとも言えるが、八二年のレバノンの事例は、アメリカの介入がいかに無責任かを、タリバン支配の下に置かれるアフガニスタン市民たちの姿と重なって伝えている。

「ペンタゴン・ペーパーズ」と「アフガニスタン・ペーパーズ」

一九七一年にベトナム戦争に関する機密情報「ペンタゴン・ペーパーズ」を暴露した元国防総省上級研究員のダニエル・エルズバーグ（一九三一〜二〇二三年）は、暴露によって有罪となることを覚悟したものの、ベトナムでの無意味な殺戮を終わらせるには暴露が不可欠な行動だと確信するようになっていた。ペンタゴン・ペーパーズには「我々がベトナムにいる理由の一〇%は南ベトナムを守るため、二〇%は中国を牽制するため、七〇%はアメリカのメンツを保つためである」と書かれてあり、アメリカが真摯に南ベトナムの防衛のためにベトナム戦争を戦っていなかったことが明らかになった。エルズバーグは「戦争を終わらせるのならリークしたことで刑務所に行くことも本望だ」とも話したが、この暴露によって、アメリカ国内ではベトナム反戦運動がいっきに高揚していくことになった。

米軍は七〇〇万トンの爆弾を北ベトナムに投下し、およそ三〇〇万人の人々を殺害した。米軍が北ベトナムに投下した爆弾の総量は、第二次世界大戦に米軍が用いた爆弾のそれを上回っていた。

同様に二〇一九年一二月に「ワシントンポスト」が明らかにした「アフガニスタン・ペーパーズ」でもブッシュ、オバマ、さらにトランプ政権がアフガン政策についていかにアメリカ国民や世界を欺いてきたかが明白となった。「アフガニスタン・ペーパーズ」では、政治家たちがアフガニスタン政策についてウソをついていたばかりか、米軍指導者たちも甘い見通しを語っていたことが判明した。大統領たちの説明とは異なって米軍はタリバンをまったく制圧できていなかったばかりか、アフガニスタン駐留米軍司令官を務めたスタンリー・アレン・マクリスタル将軍は、二〇〇九年にカブールで「我々は勝利しつつある」と語ったにもかかわらず、アメリカが二〇一八年にタリバンと和平交渉を行うようになっても、アフガニスタンでは安定した将来が見通せなかった。

当初からアメリカには自らが招いた戦争による破壊からアフガニスタンを復興させようとする姿勢も希薄だった。二〇〇一年一〇月に訪れたアフガニスタンでは、米軍は爆弾とともに、空から支援物資を投下している。しかし支援物資の投下は一過性のもので、その上から目線のような「支援」に、アメリカがアフガニスタンの人々を真摯に助けようとする姿勢を感ぜられることはあまりなかった。安定した体制や政府づくりには、国民の間の求心力を得ることが大事だが、アメリカにはアフガニスタン政府の腐敗を正そうとする姿勢も希薄で、著しく増加するケシの栽培を抑制するという姿勢も見られなかった。

アフガニスタンで支援活動を行っていた中村哲医師は、米軍の駐留によって「解放されたのは『ケシ栽培の自由』『女性が外国人相手に売春をする自由』『働き手を失った人々が街頭で乞食をする自由』『貧乏人が餓死する自由』だといって間違いではないと思う」と語っていた（中村哲医師、二〇一五年八月三〇日、山口県宇部市・渡辺翁記念館での講演、https://www.chosyu-journal.jp/shakai/1179）。

武力でイスラーム世界を変えようとしたアメリカ

アメリカは、二〇〇三年にイラクの大量破壊兵器保有に関する国連決議違反を理由にイラク戦争に踏み切った。しかしイスラエルによる占領地における入植地の建設、三大一神教の聖地である東エルサレムなどパレスチナ人の土地への占領の継続、パレスチナ人に対する人権侵害などのイスラエルの国際法違反の行為については、アメリカは沈黙し続けた。

アメリカのイラク戦争は、国内の特殊な要因から引き起こされたものだった。九・一一の同時多発テロ事件が起こると、アメリカの国防総省のタカ派グループなどネオコン（新保守主義）と呼ばれる勢力は、アルカイダとイラクの関係を強調するようになった。しかし、アルカイダなど過激派と、イラク・フセイン政権との結び付きがなかったことは明らかだった。フセイン政権は、世俗的政権で、国内のイスラーム勢力をむしろ弾圧していた。イラクで大規模な戦闘が終了すると、アメリカＣＩＡも、フセイン政権と過激派との関係はほとんど証明することができなかったことを明らかにした。

大量破壊兵器の保有を否定するイラクが大量破壊兵器の破棄を証明するのは事実上不可能で、証明責任はアメリカ、イギリスの側にあった。

イラク戦争はブッシュ政権が捏造した理由によって始められたもので、五〇万人とも六〇万人とも見積もられるイラク人が亡くなった。現在、バイデン政権はロシアのウクライナ侵攻を不当として制裁を加えているが、イラク戦争もまた他国の主権を侵害した武力行使で、この戦争は国連の決議を経たわけでなく、ロシアのウクライナ侵攻と同様に、戦争犯罪に相当する「侵略」であったことは明白だった。

イラク戦争に先立つ一九九八年一月二六日、リチャード・アーミテージ（第一期ブッシュ政権の国務副長官）、ジョン・ボルトン（ブッシュ政権で国連大使）、ザルメイ・ハリルザド（ブッシュ政権でアフガニスタン大使・イラク大使・国連大使を歴任）、リチャード・パール（ブッシュ政権時代に国防政策諮問委員会委員長）などのちに対テロ戦争を主導するようになった人物たちは、イラクのフセイン政権の打倒を当時のクリントン大統領に提言した。

ネオコンの「新しいアメリカの世紀プロジェクト（PNAC、Project for the New American Century）」は、イラク、イラン、シリアに対して懲罰的行動に出ることを提案し続けた。「イラク政府が九・一一の同時多発テロに支援を与えたかもしれない。しかし、かりに同時多発テロに関与していなくても、テロやその支援者を根絶する戦略にはイラクからサダム・フセインを除くことが必要である」（「新しい平和のためのプロジェクト」）などの主張は説得力に欠けるばかりか、まったく意味が通らないものだった。

コリン・パウエル国務長官は二〇〇三年二月五日に国連安保理でイラクの大量破壊兵器について、フセイン政権が生物兵器を積んだトラックを保有しているなどと証言したが、それはフセイン政権を倒したかったイラク人科学者のウソだということが、この科学者自身の証言でのちに明らかになった。

ブッシュの盟友だったイギリスのブレア首相（当時）は、二〇〇二年九月に、イラクが生物・化学兵器を保有し、命令から四五分後に配備可能であるという「証拠文書」を明らかにした。ブレア首相は、サダム・フセインはイギリスの安全保障にとって深刻な脅威であると述べ、イギリスの日刊紙「サン」は「イギリスの破滅まで四五分」という見出しとともにこの発言を報じた。しかし、ブレア首相の説明はまったくの虚偽、デタラメだった。イラク戦争は米英政府による虚偽と欺瞞に満ちたもので、国際社会に対しても説得力に欠いていたが、この戦争を日本、スペインなどの国は真っ先に支持した。スペインではイラク戦争支持の姿勢によって、二〇〇四年三月一一日、首都マドリードの鉄道駅列車爆破事件が起こり、一九一人が犠牲になった。

アフガニスタンのイスラーム主義を煽ったアメリカ

二〇二一年八月の米軍のアフガニスタンからの退避作戦中、カブールの治安維持を担い、米軍の作戦に事実上協力したのは、米軍と二〇年間戦ってきたタリバンだった。二一年八月二三日、ウィリアム・バーンズCIA長官は、バイデン大統領からの親書を携えてタリバンのアブドゥル・ガニ・バラーダル副指導者と秘密裏に会談を行った。タリバンとの協力は、アフガニスタン国内でISによるテロ攻撃の脅威が増す中では不可欠とアメリカには思われた。タリバンが八月一五日にカブールを制圧して以来、カブールの治安に責任をもつタリバン指導者たちと米軍の司令官たちの間で対話が繰り返された。アフガニスタンに駐留する米軍にはガニ政権を武力で守るという姿勢がまったく見られなかったばかりか、その撤退についてタリバンの協力を仰いだ。

タリバンがアフガニスタンの首都カブールを制圧し、ガニ大統領（在任二〇一四年九月～二一年八月）や副大統領、その側近たちがタジキスタンに逃亡してアメリカが中心となって後押した体制はもろくも崩壊した。タリバンが本格的攻勢に出てわずか二週間、ガニ大統領が強力な抵抗を誓った翌日のことだった。ガニ大統領らの姿勢は彼の政権を信じていた人々からは臆病な裏切りと見られてもしかたがなかった。アメリカのバイデン政権は、タリバンによるカブール制圧によってメンツがつぶされた形となった。トランプ前大統領がアフガニスタンからの米軍の撤退を表明した時に、タリバンがガニ大統領による政権を打倒する「追い風」を得たことは間違いない。

アフガニスタンでの対テロ戦争を開始するに際して、アメリカのブッシュ大統領は自信に満ちた表情でその勝利を誓った。アメリカの楽観主義は、その圧倒的な軍事力と、自らの動機が正義であるという「確信」によって裏付けられている。しかし、そうした楽観主義はいつももろくも崩れていく。

アフガニスタンに侵攻した国や勢力によって国家の元首に据えられた人物はすべて悲劇的な末路に終わっている。第一次アフガン戦争でイギリスが復位させたシュージャ・シャー（一七八五〜一八四二年）は、一八四二年四月にカブールに駐留したイギリス軍が劣勢にさらされ、撤退すると暗殺された。第二次アフガン戦争でもイギリスは一八七九年にモハンマド・ヤクーブを統治者（当時は「エミール」の称号）に据えてアフガニスタンの外交権をすべてイギリスに委任させる条約を結んだが、アフガン人の反発が強く、彼は翌年廃位を余儀なくされた。

アフガニスタンではタリバンが根強く米軍や政府に対する攻撃を続け米軍と現地住民の間で埋めがたい溝が生じた。アメリカは、どのような形態で米軍を撤退させるか具体的構想をもっていなかった。

アメリカは一九七〇年代から冷戦の環境下、アフガニスタンに関心をもち、ソ連に対抗していった。アフガニスタンが混迷するのは、一九七八年四月二七日の「四月革命」を契機とし、この革命で人民党（共産党）が政権を掌握した。ソ連はこの人民党を支援し、他方アメリカは、共産党政権に反感をもち、「ムジャヒディン」と呼ばれるようになるイスラーム勢力をてこ入れするようになった。このイスラーム主義勢力の中からタリバンやアメリカに対してテロを行ったアルカイダが誕生するが、アメリカはタリバンやアルカイダの成立にも事実上貢献したことになる。

人民党政権は、急激な農地改革を推し進め、広範な抵抗を招くようになったが、反政府暴動をアミン（ハフィーズッラー・アミーン、一九二九～七九年）革命評議会議長（国家元首）政権は弾圧によって鎮圧することを考え、その弾圧によって数万人が殺害されたと見積もられるほど、彼の政治手法は苛酷なものだった。アミンの弾圧政治を懸念したソ連は、一九七九年一二月二七日、カブールに空挺部隊を派遣し、アミンを殺害した。このソ連の軍事介入はイスラーム主義者（ムジャヒディン）たちの抵抗を即座に招くことになった。一九八〇年代、アメリカはムジャヒディンたちに対して武器・弾薬、資金を与え、アフガニスタンに対するアメリカの影響力も増していった。

ムジャヒディンに軍事的勝利を収めることができなかったソ連軍は一九八九年二月にアフガニスタンから撤退していったが、ムジャヒディンの各グループの指導者たちは軍閥と化して互いに戦争を繰り返した。こうした混乱の中から、秩序と平穏をもたらすと約束して登場したのがタリバンだった。

一九九〇年代にタリバンが成功したのは、麻薬取引や人身売買などを終わらせ、人々に安全や秩序を与えると約束したからだった。タリバンの訴えは特に農民層の支持を得るものだったが、しかしのちには音楽を禁止したり、女性の役割を極度に制限したりするなど極度に抑圧的な政策をとっていった。

アメリカはなぜアフガニスタンで失敗したか？

アメリカ・ブッシュ政権は対テロ戦争でタリバン政権を崩壊させたものの、イラクに関心を移行させたために、アフガニスタンの復興への資源は限られたものになってしまった。アフガニスタンが国際政治の縁辺であったことは、一九九〇年代のムジャヒディン同士の内戦に欧米諸国が積極的に関わろうとしなかったことからも明らかだった。タリバン政権が崩壊した翌年の二〇〇二年から二〇〇三年までの間、アメリカはわずかに七〇〇〇人の将兵を駐留させたのみだった。アフガニスタンはフランスとほぼ同じ面積の国土に、三〇〇〇万人以上が居住する国である。米軍は、アフガニスタン東部と南部に展開して、アルカイダとタリバンの掃討に従事するようになっていた。

二〇〇五年一二月にラムズフェルド国防長官は米軍の兵力を三〇〇〇人減らすことを明らかにした。それに代わってNATO軍は兵力を増加し、指揮権も東部を除くアフガニスタン全域に拡大していく。東部では、米軍が依然としてタリバン掃討作戦を展開していた。

首都カブールはNATO軍主体の国際治安支援部隊（ISAF）の指揮下に置かれ、四〇カ国から五〇〇〇人が展開していた。この数も一九九六年にボスニアに駐留したNATO軍の五万四〇〇〇人に比較すると、極めて少ない。ボスニアはアフガニスタンに比較すると、面積で一二分の一、人口で六分の一の国だ。アメリカとイギリスは、イラク戦争に兵力を集中させたために、アフガニスタンに増派することができなかったのだ。また、イラク戦争に反対したフランス、ドイツ、トルコはアメリカのアフガニスタン政策にも積極的にコミットすることがなかった。

アフガニスタンに駐留する外国軍の兵力が増えるのは、二〇〇四年一〇月に行われた大統領選挙を契機にするものだった。欧米諸国は何としてもアフガニスタンの「民主化」を成功させたかった。ISAFの兵力は倍の一万人となり、米軍も二万人となった。およそ一集団が六〇人から九〇人の軍人、文民によって構成される「地方再建チーム（PRT）」も地方に派遣されたが、その派遣先は親政府的勢力が強いところばかりだった。PRTによるアフガニスタン復興はプロパガンダ的性格が強く、アフガン人たちが復興の成果を感ずることはできなかった。

アフガニスタンの新政府による治安維持活動は弱体で、二〇〇四年までに実際に治安維持活動に従事できたのは、わずか四五〇〇人のみだった。タリバン政権打倒に米軍と協力した北部同盟は北部と西部で依然として力をもつ一方で、南部でタリバン掃討を行う米軍は、現地の軍閥の協力を得なければならないほど、十分な兵力がなかった。米軍は、軍閥の性格にかかわらず、協力を得ようとしたが、こうした米軍の姿勢が軍閥同士の対立や緊張を招くことにもなった。

二〇〇六年以前にアフガニスタン南部で活動するのは米軍以外にはなく、それがタリバンの復活をもたらす一つの要因となった。元々タリバンはカンダハルなど南部で強力な組織だった。タリバンはヘルマンド渓谷で活動する麻薬商人とも協力関係を築き、ヘロインの生産と流通を保護する代わりに、その収益を分配され、年間六〇〇〇万ドルから一億ドルの利益を得ていたと見られている。

アメリカの中央集権国家創設構想

現代史の展開の中でアフガニスタンで中央集権国家があったのは、ごくわずかの期間だった。そのために、アメリカなど国際社会以外に、アフガニスタンの現地の人々から中央集権国家を切望する声はあがらなかった。アフガニスタンの軍閥はそれぞれの地域での既得権益を守るのに躍起になっていた。

アブドゥル・ラシード・ドスタムやアッター・ムハンマドのような軍閥は、アメリカによってアフガニスタン北部に配置され、その支配から独占的利益を得ていった。また、ヘラートの軍閥であったイスマーイール・ハーンは、カブールに閣僚として迎えられた。一九九〇年代からの内戦で悪名が高かった軍閥の利益を残したり、政府の要職に就かせたりするなど、カルザイ政権（二〇〇一年一二月～一四年九月）の一連の行動は、国民の信頼を裏切るものだった。カルザイ政権は、腐敗した、統治能力のない政権と国の内外から見られるようになっていく。

アフガニスタンはソ連軍が侵攻する以前にも世界で最も教育レベルが低く、最も貧しい国家だった。ソ連軍が侵攻以前の状態にアフガニスタンを戻すといっても、アフガニスタンの幹線道路は片側一車線しかなく、人口が現在の半分だった一九七八年にも電力の供給は全家庭のわずかに一〇%を超えるという有り様だった。二〇〇一年一一月のタリバン政権崩壊から三年間にアフガニスタンに入った国際的な支援金は一〇〇億ドルで、二〇〇五年から一一年までに一四〇億ドルが追加されるとされていた。しかし、この額も国民一人当たりに換算すると、決して多いというわけではない。たとえば、二〇〇三年の一人当たりの援助額は日額五〇ドルで、〇五年には六六ドルに上がったが、他の紛争後の国々への援助に比べればまったく多くないのだ。モザンビークは国民一人当たり日額一一一ドル、セルビア・モンテネグロは日額二三七ドルだった。

さらに、アフガニスタン支援の問題は、支援金が援助国の企業の利益やコンサルタント関係者の給与になることで、この額は支援金全体の四〇%とも見積もられている。アフガニスタン人には十分に職が供給されないため、アヘン栽培が盛んになる要因となり、二〇〇七年のアヘンの輸出総額は四〇億ドルとも見積もられるほどだった。これはアフガニスタンのGDPの実に三分の一以上を構成していた。アフガニスタンに根づくアヘン経済は、政府の腐敗の温床となったり、タリバンなど反政府武装勢力の財政的基盤となった。

アフガニスタンの近隣諸国は、一九九〇年代にタリバン政権と円滑な関係を築いていなかった。厳格なイスラーム主義を説くタリバンは、中央アジアの反政府イスラーム勢力を刺激しかねないとウズベキスタン、キルギス、タジキスタンなどの国は考えていた。トルクメニスタンを除く中央アジア諸国政府は米軍のアフガニスタン戦争に基地や空域を提供するなど協力を行った。シーア派をイスラームの異端の宗派と考えるタリバンは、シーア派を国教とするイランとも友好的な関係を確立できず、九八年にはアフガニスタン北部のマザリシャリフでイラン人の領事館員など八人がタリバンによって殺害されるという事件も発生した。反米を自認するイランもまた米軍の対タリバン戦争に空域を提供した。

アフガニスタンにおけるタリバンの復権を歓迎しているのはパキスタンだ。パキスタンはアフガニスタンをインドへの対抗上、戦略的に重要な地域と考えている。パキスタンは、アメリカに協力する姿勢を一方で見せながら、タリバン勢力を根絶するような方針をとらなかった。パキスタンの対テロ戦争に対する煮え切らない姿勢にもかかわらず、アメリカは二〇〇四年に「非NATOの主要な同盟国」と形容し、さらなる軍事援助の増額を決定した。

アフガニスタンには武器だけが残った

既述の通りアフガン人は、外国からの支援によって生活状態が改善されることを望んだが、失業率はいっこうに改善されず、また政府は腐敗して、権力を濫用していく。さらに

カブール市内をパトロールする米軍装甲車（2010年2月、著者提供）

治安状況も悪化して、国内移動も困難になった。アフガニスタンでは自爆攻撃の手法も用いられるようになり、南部のカンダハル、ヘルマンド、東部のパクティカ、ナンガルハル、クナルなどでは治安が著しく悪くなった。アメリカはアフガニスタンに対する援助額を二〇〇五年の財政年度の四三億ドルから、〇六年には三一億ドルに減らしていく。

二〇〇六年五月にカブールで米軍車両とアフガニスタン人の車両が衝突して交通事故を起こすと、反外国、反政府感情がいっきに強まっていく。この年にイギリスとカナダは、タリバンの復活が顕著なカンダハルとヘルマンドに軍隊を展開させていった。ＩＳＡＦの本来の役割はアフガニスタンの復興事業が容易になるように治安活動を維持するというものだったが、しかしほとんどそのエネルギーをタリバンとの戦闘に傾注しなければならなかった。タリバンは戦闘が不利になると、パキスタンの部族地域に逃げ込むなど、米軍やＩＳＡＦの軍隊がタリバンを完全に掃討するのはとうてい不可能だった。自爆攻撃は、二〇〇五年が二七件で、〇六年には一三九件と五倍に増えていった。ＩＥＤの使用も、同じ時期七八三件から一六七七件に増えた。さらに武力攻撃は、一五五八件から四五四二件と三倍に増加した。

米軍は、二〇〇八年にはアフガニスタンに三万三〇〇〇人の軍隊を駐留させたが、そのうちの一万三〇〇〇人は四万七〇〇〇人のＮＡＴＯ軍の一部として活動した。アフガン国軍を一三万四〇〇〇人に増加させる計画があったが、実現せずにアフガニスタン全土で不安定が広がっていった。

アフガニスタンの安定にはガスや、水道、電気、道路、下水処理施設などインフラ整備が欠かせなかったことは言うまでもなく、さらにアヘン生産に代わる生活手段をアフガン農民たちに与えることも必要だった。しかし、ブッシュ政権のアメリカの関心はイラクに重点が置かれ、アフガニスタン政府の無能や腐敗ぶりに無頓着であり続けた。アメリカにはアフガニスタンを平和で、安定した民主主義国家にするという目標を、責任をもって追求する姿勢はハナから希薄で、それはブッシュ政権を継いだオバマ、トランプ、またバイデン政権も同様だった。

二〇二三年七月、パキスタンのサマア通信はアメリカがアフガニスタンに供与した武器がパレスチナの武装集団に移転されていると伝えた。同様のニュースは「ニューズウィーク」もイスラエルの軍関係者の発言として報じている。米軍がアフガニスタンに残した武器は、同国の周辺で活動するパキスタン・タリバン運動（TTP）、IS、「東トルキスタン・イスラーム運動（ETIM）」などの武装集団の活動を刺激することになる。

アメリカの国防総省から議会に提出された報告書（二〇二二年三月付）によれば、米軍が二一年八月までにアフガニスタンに駐留していた一六年間、アフガン政府軍に移転した武器のうち七〇億ドル（一兆四三〇〇億円）相当をアフガニスタンに残した。そのほとんどがアメリカが敵対していたタリバンの手に渡ったことになり、さらにこうした武器は周辺の武装勢力に移転される可能性もある。アメリカがアフガン政府軍に提供した九万六〇〇〇台の軍用車両のうち四万台がアフガニスタンに残り、その中には一万二〇〇〇台の軍用ハンヴィー（汎用四輪駆動車）もあるという。

米軍駐留時代も女子教育は進まなかった

二〇二一年五月八日、アフガニスタンの首都カブール西部の女学校近くで爆破テロが発生し、少なくとも九〇人が死亡し、負傷者は二四〇人以上となった。犠牲者の多くは女子生徒たちで、爆破があったのはシーア派が多く住む地域というから、女子教育を否定し、かつシーア派を異端視する過激派による犯行ということになるのだろう。イスラームの主流の考えでは女子教育を禁じていない。イスラームのハディース（預言者ムハンマドの言行を記録したもの）には「男子であれ、女子であれ、すべてのムスリムには知識を探求する義務がある」という教えがある。

米軍など欧米諸国の軍隊がアフガニスタンに二〇年間駐留したが、その間もアフガニスタンでは女性の地位が上昇したわけではまったくなかった。アフガニスタンの中央統計局のデータによれば、アフガニスタンの女性の八四％は非識字で、高等教育を受けることができたのは二％に過ぎない。アメリカが二〇年間の駐留で女性の地位が向上したと主張すれば、それはまったく事実ではないことになる。

シーア派とスンニ派の相違は、誰がイスラーム共同体の最高指導者であるかについての解釈の相違だ。預言者ムハンマドの血筋にある者が最高指導者（シーア派では「イマーム」という）でなければならないと考えるのがシーア派で、それ以外はスンニ派ということになる。つまり王朝的な考え方をするのがシーア派、そうでないのがスンニ派で、教義の上ではほとんど相違はない。

アフガニスタンが一九一九年にイギリスから独立を回復すると、アマヌッラー国王（在位一九一九〜二九年）は世俗的な教育改革を推進し、女子教育の拡大に道を開いた。特にザーヒル・シャー（在位一九三三〜七三年）の四〇年間の統治時代に女子の教育機会は拡大し、一九七〇年代になると、カブール大学の学生総数一万人の六割が女子学生となった。さらに、一九七九年に始まったソ連の占領時代に女性の社会的進出は進み、アフガニスタンの大学では女性も教職に就くほどになった。

アフガニスタンで女子教育を否定するような傾向が生まれるのは一九八〇年代にソ連軍に抵抗したムジャヒディンたちがパキスタンやイラン、サウジアラビアなど周辺のイスラーム諸国の保守的なイスラームの解釈の影響を受けてからだ。イランでは一九七九年にイスラーム革命が発生し、アフガニスタン国内のシーア派ムジャヒディンを支援するようになり、パキスタンでは一九八〇年代、ハク大統領がイスラーム化政策を追求していた。アラブ義勇兵をアフガニスタンに送ったサウジアラビアはイスラームの厳格なワッハーブ派を奉じる国で、女性の社会的役割が極めて制限されている。一九九二年に共産党政権が崩壊すると、元ムジャヒディンの軍閥たちは女性の役割を限定していき、一九九六年に始まるタリバン時代になると、女子教育はいっそう制限され、女子のわずか三％が基本的教育を受けるという有り様だった。

同様に宗派対立もアフガニスタンではほとんど存在しなかったが、一九八〇年代のソ連との戦争時代にパキスタンやサウジアラビアがスンニ派を、またイランがシーア派を支援するようになると、宗派的対立も次第に現れるようになった。

二〇二一年八月にタリバン政権が復活すると、タリバンが女子の教育機会を奪うということが強調されているが、既述の通りアフガニスタンでは米軍駐留時代も女子教育はいっこうに発展しなかった。武力でタリバン政権が倒れると、二〇〇一年にアフガニスタンの新政府、国際的支援団体はすべての女性を学校に入れると豪語したが、暴力などの社会不安や貧困などの理由で多くの女子には教育機会が与えられなかった（https://www.hrw.org/news/2017/10/17/afghanistan-girls-struggle-education）。

こうして見ると、アフガニスタンで女子の教育機会の拡大を図るには平和とともに経済的豊かさも必要になることがわかる。アフガニスタンが一九六〇年代や七〇年代前半にあったような安定を取り戻すのはまったく容易ではないが、平和の前提となる民生の安定を徐々に取り戻していくしか方策はない。対テロ戦争を開始し、軍隊を全面撤退させたアメリカの責任が重大なのは言うまでもないが、米軍撤退後にアメリカのアフガニスタンに対する関心がぱったり途絶えてしまったことも重大である。

それればかりか、二一年八月のタリバンの政権奪取以降、アフガニスタンの銀行システムは事実上崩壊し、現地通貨アフガニーは暴落し、アフガニーとドルは不足している。バイデン政権はアフガニスタンの在米資産の半分を九・一一の被害者遺族の補償に用いる可能性もあり、アフガニスタンの資産凍結の全面解除は目下のところ考えていない。また、タリバン政権以前は国家予算の七割を占めていた海外からの支援も途絶えた。アフガニスタン中央銀行は、合法的な商取引や人道的支援の処理や決済など、基本的な中央銀行機能を果たすことができないままとなり、アフガニスタンでは基本的な経済活動でさえも大幅に制約されている。

タリバン政権に対するアメリカなどによる経済政策がアフガニスタンの飢餓を深刻にして、また人々の健康を阻害することになっている。ＷＦＰは五歳以下の子どもの一〇〇万人が食料不足のため死に瀕していると報告している。また、ＷＦＰによれば国民の三分の一以上が飢餓状態に置かれ、九七％が貧困ラインよりも下の生活を送っているという。アフガン人の九〇％が食料不足に苦しみ、家計の負担軽減のために子どもたちが労働するようにもなっている。世界銀行によれば、主食のコメや小麦の価格はロシアのウクライナ侵攻などの影響もあって二二年の七月から八月にかけて倍となり、さらに上がり続けた。アメリカなどによるタリバン政権に対する経済政策もアフガニスタンの女子教育に制約をもたらしていることは事実で、国際社会はアフガニスタンの女子教育の発展を考えるならば、アフガニスタンへの経済支援も真剣に考えなければならない。

タリバンは二二年三月二四日、高校での女子教育の再開を停止することを発表した。シャリーア（イスラーム法）とアフガニスタンの伝統に則った服装が決まるまでの措置としているが、女子の教育機会を実質的に奪うこの措置にはイスラーム諸国からも非難の声が上がっている。タリバンが外交事務所を置くカタール外務省も、タリバンの措置がカタールの大きな懸念と失望になっているという声明を発表した。この声明ではムスリムの国では女子も教育も含めてあらゆる権利を享受すべきであり、決定の見直しを求めると述べられている。このことからもタリバンの女子教育などイスラーム社会における女性の役割に関する解釈がいかにイスラーム世界でも独特のものであるかがわかる。

アフガン国民の心がアメリカから離反する要因になった誤爆

「対テロ戦争」という大義を掲げながらも、米軍が軍事力で政権を崩壊させたタリバンは米軍がアフガニスタンに進駐した時代の二〇年間、アメリカ本土で一度もテロを起こしたことがなかった。タリバンはアフガニスタンに侵入した外国軍への攻撃は行ったが、元々タリバンにはアルカイダやＩＳとは異なって、国外で反欧米のテロを行うことなど視野になかった。タリバンがアフガニスタンで行った外国軍への攻撃はタリバンから見れば、「自衛」であり、「抵抗」だった。また「対テロ戦争」という大義であれば、多くのアルカイダ指導者たちが拘束された二〇〇三年春ぐらいの時点で、米軍は撤退すべきだった。

ブラウン大学ワトソン研究所の統計では二〇二一年四月までに、アフガニスタンとパキスタンの「対テロ戦争」の舞台では、二四万一〇〇〇人が亡くなり、そのうち七万一〇〇〇人が市民だった。空爆などで、米軍とアフガニスタン政府軍は、反政府武装勢力タリバンよりも市民のほうを多く殺害した期間も少なからずあった。二〇〇八年七月には花火が打ち上げられていた結婚式を米軍は誤爆し、四七人が犠牲になったこともあった。花火をロケット攻撃と間違えたと考えられている。

アフガン政府軍・警察の死者は六万六〇〇〇人、タリバンや他の反政府武装勢力の戦闘員の死者は五万一一九一人、またおよそ二五〇〇人の米軍の将兵、三八四六人の米民間軍事会社の社員、一一四四人のNATO軍将兵が死亡した（https://apnews.com/article/middle-east-business-afghanistan-43d8f53b35e80ec18c130cd683e1a38f）。

さらに、アフガニスタンの復興支援の監査を行うSIGAR（アフガニスタン復興担当特別監察官）によれば、二万六六六人の米軍将兵が負傷し、二〇〇一年以来、八〇万人の民間軍事会社の社員が負傷した（https://www.sigar.mil/pdf/lessonslearned/SIGAR-21-46-LL.pdf）。

負傷者に圧倒的に民間軍事会社（PMC、Private Military Company）の社員が多いように、対テロ戦争を契機にPMCが実際の戦闘に大規模に導入されるようになり、対テロ戦争で莫大な利益を上げたPMCは次から次へと戦争を望むことになる。たとえば、アメリカのデラウェア州を拠点とする「スペア・オペレーション・グループ（Spear Operations

Group）」は米軍の特殊部隊のOBたちが実戦に参加し、イエメン紛争でのUAEによるイエメン人の暗殺作戦を担っている。「スペア・オペレーション」の活動は戦争犯罪に相当するが、アメリカではこれを問題視する動きはない。

アメリカは二兆ドル以上の予算をアフガニスタンにつぎ込んだが、アメリカが創設した三〇万人のアフガニスタン国軍はタリバンと有効に戦うこともなく、雲散霧消していった。また、アメリカが支えた政府のガニ大統領は、現金一億六九〇〇万ドルを携えてドバイに逃亡した。

米軍の無人機による誤爆は絶えなかった。二〇一五年一月一五日、オバマ政権時代に米軍はパキスタンで無人機攻撃を行い、「アルカイダ関連施設」を攻撃したが、二〇一一年からアルカイダによって拘束されていたアメリカ人一人と、また同じく二〇一二年から拘束されていたイタリア人一人を殺害してしまい、オバマ大統領も謝罪を余儀なくされた。この攻撃を許可したのはCIA（中央情報局）だったが、CIAはアルカイダの関連施設にアメリカ人やイタリア人がいることを把握していなかった。

調査報道局（Bureau for Investigative Journalism、BIJ）の統計では、オバマ政権時代に行われた無人機攻撃での犠牲者の四分の一は民間人だった。他国の主権を無視して行われる無人機攻撃には合法性が問われている。無人機による標的殺害についてはアメリカ国内で裁判が行われることはなく、殺害しようとするアルカイダやISの関係者たちの罪状も明らかにされることはない。

二〇二一年九月九日付の「インディペンデント」によれば、九・一一の同時多発テロ以来、米軍は「対テロ戦争」で空爆だけで四万八三〇八人の市民を殺害した。同時多発テロでの犠牲者三〇〇〇人とは比較にならない数字である。また「ニューヨークタイムズ」によれば、イラクでのISに対する空爆では市民の犠牲者はISの戦闘員の三一倍だった(Opinion EDITORIAL, "Telling the Truth About the Cost of War," *New York Times*, By The Editorial Board Nov. 23, 2017)。

精密誘導爆弾PGMによって正確に軍事目標をとらえられると強調されるようになった。しかし、二〇〇三年に始まるイラク戦争では、およそ五〇回のサダム・フセインを標的にした空爆が行われたが、空爆によってフセインの「抹殺」に成功することはなかった。空爆はサダム・フセイン政権に決定打を与えることなく、またイラクの安定をもたらすこともなく、市民の犠牲は米軍を攻撃する武装集団の活動に求心力をもたせることになった。アフガニスタンで米軍が行った空爆も多数の市民の犠牲に伴い、アメリカに対する反発と、アメリカを後ろ盾とする政府に対する根強い不信感や反発を生むこととなった。

アフガニスタンのイスラームに敬意を払わないアメリカ

オサマ・ビンラディンなどイスラーム過激派（イスラームに訴える過激派集団。「イスラーム過激派」という言葉はイスラームに対する偏見を助長すると考えられることからこの表現を回避する場合が多く見られる）をつくり出したのは、レーガン政権時代の「新冷戦」的な発想であった。「悪の帝国」はロナルド・レーガンが一九八五年三月八日にソ連に対して初めて用いた言葉だった。レーガンは、アメリカが支援する、アパルトヘイト体制や独裁政権に抗議する発展途上国の運動も敵視していた。レーガン政権やその同盟国は、アフガニスタンで戦うビンラディンなどアラブ義勇兵たちを「自由の戦士たち」として称賛してやまなかったが、九・一一後、ビンラディンは「国際的テロの黒幕」と形容されていく。

九・一一後にアメリカ政府は過去におけるビンラディン、あるいはタリバンやアルジェリア、エジプトなどのイスラーム過激派との協力関係を明らかにすることはなかった。

一九七八年四月にアフガニスタン人民党（ＰＤＰＡ、共産党）は、政権の座に着いた。共産党でありながら、農民に配慮した農地改革、労働組合の権利、教育・社会のサービスの拡大、女性に対する平等の権利の付与、国家社会の世俗化を図った。また外交的にはソ連に接近していった。

このような人民党の政策は、地主や宗教界、また部族長の強い反発を招くことになった。アフガニスタンでは多くの聖職者が地主を兼ねることがあった。これらの保守的階層はイスラームの防衛というスローガンを掲げながら、人民党政府の「改革」に抵抗していった。アメリカ政府はソ連の影響がパキスタン、イラン、湾岸諸国に拡大することを恐れ、アフガニスタンのムジャヒディンに対する即座の支援を行っていくことになった。ソ連は弱体化した人民党政権を支えるために一九七九年一二月にアフガニスタンに軍事介入したが、これはイスラーム武装勢力の強固な抵抗を巻き起こしていくことになる。アメリカをはじめとする西側諸国はムジャヒディンに対する共感を覚え、またソ連の南下を食い止めるために、ムジャヒディンに武器、弾薬、資金を与えるなど積極的に支援するようになった。さながら二二年二月のロシア侵攻後のウクライナと同様である。

ソ連軍は一九八九年にアフガニスタンから撤退し、またムジャヒディンは九二年にカブールを支配するようになり、ソ連が支えた人民党政権は打倒された。一九七八年から九二年の間、アメリカはおよそ六〇億ドルとも見積もられる支援をムジャヒディンに対して行った。その中には武器、訓練、さらにムジャヒディン・グループのメンバーたちの俸給などが含まれていた。無神論のソ連に反発するサウジアラビアもアメリカと同様の支援を与えた。オサマ・ビンラディンはこの対ソ戦争の際に数百万ドルを拠出したと見られている。

アフガニスタンのムジャヒディンを支援することは、レーガン政権に先立つカーター政権の下でも構想されていた。ズビグニュー・ブレジンスキー安全保障担当大統領補佐官は、イスラーム勢力を支援し、それがアフガニスタンから中央アジアのイスラーム系共和国のイスラーム復興をもたらし、ソ連を弱体化できるものと考えていた。ブレジンスキーのこうした考えはパキスタンで厳格なイスラーム復興を考えていたズィアウル・ハク大統領によっても支持されていた。

しかし、アメリカ政府にイスラームに対する理解があったとは言えない。ブッシュ大統領は二〇〇一年にブルカ（身を覆う布）を強制的に着用させ、女性を奴隷のように扱っているタリバンを打倒すると言ったが、アフガニスタンではブルカは強制ではなく、女性は自発的に着用しているし、家庭内の役割は女性が担うために一般的に家事は女性が主導し、「かかあ天下」の家庭が多い。ブッシュ大統領をはじめとするアメリカ政府首脳にはイスラームに基づくアフガン社会の特質への理解が希薄だった。

やはり、日本だけは分かってくれる。兵隊も送らない

これはアフガニスタン・シェイワ郡にマドラサ（イスラーム神学校）を造った中村哲医

師に対するアフガニスタンの人々の感謝の言葉だ。マドラサはイスラーム世界で「学校」を意味する言葉だが、中村医師はこの感謝の言葉に対して「日本国に対する大きな賞賛、悪い気はしませんでした。眉をひそめた西側の国際団体もあったでしょうが、アフガン人の殆どが狂喜したのです」と述べている（『ペシャワール会報』九五号、二〇〇八年四月一日）。

西側の一部の国際団体はマドラサがテロリストたちの温床となると考えていたが、中村医師は自らがクリスチャンでありながらもイスラームという異文化の宗教活動にも敬意を払って平和の創造を考えた。こうしたイスラームの宗教活動に対する敬意はアメリカにはなく、中村医師のようにアフガニスタンにマドラサやモスク（イスラームの寺院）の建設を後押しするような姿勢もほとんどなかった。

アフガニスタンのマドラサやモスクは長年の内戦やアメリカの対テロ戦争などで破壊されたり、放置されたりするなど機能していなかった。中村医師はマドラサがなければイスラーム社会は成立しないと『ペシャワール会報』（九五号）で述べている。マドラサはイスラームの聖職者を育てるだけでなく、孤児や貧困家庭の子弟たちに教育や宿泊の機会を与える。アフガニスタンで「ストリート・チルドレン」が少ない理由はこうしたイスラームの救済施設があるからだと中村医師は述べている。マドラサにはモスクが併設され、イスラームの集団礼拝である金曜礼拝の機会を与えて、地域コミュニティーの結束や相互扶助の機会ももたらしている。

中村医師はアフガニスタンの人々にとって「自由」とは、信仰心の篤さとともに、自らの伝統や文化に対する誇りであると述べ、そのマドラサやモスクがタリバンの活動の温床になるという理由で爆撃されるなど活動が制限されることにアフガニスタンの人々は自由が奪われていると感じていた、と語っている。中村医師は、こうした宗教施設の建設に支援の手を差し伸べてくれたのはサウジアラビアの他には日本しかなかったという現地の人の声を紹介し、冒頭の日本に対する称賛の言葉を喜んでいる。アフガニスタンに侵攻したアメリカはアフガンの人々に本当の自由をもたらすことがなく、アメリカによる破壊と殺戮がアフガン人の記憶に強く刻まれることになった。

テロを助長したアメリカのイスラーム観

アメリカは「対テロ戦争」でイスラーム世界を結局変えられずに、民主主義や安定をもたらすことができなかったばかりか、事態をいっそう悪化させてアフガニスタンから撤退した。

反米テロの要因は依然として根強くイスラーム世界には残っている。特に反米テロの国際的要因には、アメリカのイスラーム世界への軍事介入、イスラームの聖地があるサウジアラビアへの米軍の駐留、国際法を破る同盟国のイスラエルへの偏った支援などがあり、オサマ・ビンラディンをはじめとするアルカイダはこれらの要因を背景に、アメリカに対する反発を強め、テロを考えた。これらの要因が「対テロ戦争」開始後の二〇年間余りで改善されたとは思えない。アメリカは二〇二〇年代になってもシリア、イラク、サウジアラビアに軍隊を駐留させているし、イスラエルへの絶対支援の姿勢も不変だ。

加えて、アメリカへのテロの国際的要因には歴史的に、一九八〇年代のアフガニスタンでのムジャヒディンによる反ソの武力闘争にアメリカが支援を与えたことも挙げられ、のちにアメリカに牙を剝く「フランケンシュタイン」になるアルカイダやタリバンとなっていった。

ソ連に対してイスラーム勢力を利用しようとするのは、第二次世界大戦中にナチス・ドイツが考案したものだった。冷戦という環境下でイスラームを利用しようとする発想は、CIA（中央情報局）によってソ連軍のアフガニスタン侵攻以前にも行われ、CIAは一九五四年にメッカに、ムスリムのスパイを送り込み、反ソ・アジテーションを行わせた。こうしたムスリムのスパイには第二次世界大戦中にナチスのソ連侵攻に呼応し、ソ連軍と戦ったソ連国内のムスリムたちが利用された。アメリカは、ムスリムをソ連と戦わせたナチスの「東部占領地域省（Ostministerium）」の手法を真似たのだった。

一九九八年にアルカイダの指導者オサマ・ビンラディンは、パレスチナ問題について次のように述べた。

かりに（湾岸戦争など）戦争の背景にあるアメリカの目的が宗教的、経済的なものであるならば、それはまたユダヤ人のちっぽけな国家の利益となり、そのエルサレムの占領と、パレスチナのムスリムの殺害から注意をそらすことにある。

このことの最もよい証拠は、（イスラエルの近隣で）最強のアラブの国イラクを破壊しようと切望していること、イラク、サウジアラビア、エジプト、スーダンのような地域の国々を小さな紙片のように砕こうと努め、アラブ国家の不統一をもたらし、弱体化させることで、イスラエルの生き残りとアラビア半島に対する残酷な十字軍の占領の継続を確実にしようとしていることである。

イスラエルが、イスラームの聖地でもあるエルサレムを支配することをアメリカが支援することは、世界一八億人のムスリムの宗教感情やプライドを傷つけるものである。アルカイダの幹部であったハリド・シャイフ・モハメドは、二〇〇〇年にイスラエルの右派野党の党首であったアリエル・シャロンがエルサレムのイスラームの聖地「ハラム・アッシャリーフ」を訪問した際に、ビンラディンがアメリカへの攻撃を早めるように促したと回想している。また、首相となったシャロンがホワイトハウスを訪問することを知ると、ビンラディンはハリド・シャイフ・モハメドに二〇〇一年六月か、七月にアメリカ本土を攻撃することを再び促した。その後、結局九月一一日に大規模なテロが実行されたのは周知の通りである。

トランプ政権のボルトン大統領補佐官は、イランを極度に敵視し、イランとの戦争に執着した人物だが、イランの悪辣なイメージをつくり上げることに躍起となり、二〇一五年にイランの核の脅威を除くには、イランのアヤトラ（アーヤトッラー、高位聖職者）たちを排除することだと述べたこともある。二〇一九年のイラン革命記念日のビデオ・メッセージでは、イランのハメネイ最高指導者に向けて、今後それほど多くの革命記念日を祝うことはできないだろうと語りかけた。

トランプ政権時代に国務長官だったマイク・ポンペオは二三年二月、イスラエルが占領するパレスチナの土地はユダヤ人たちが聖書の時代から領有権をもっており、自分も聖書を読んでユダヤの土地であることを確信していると述べた。彼は、パレスチナ問題の二国家解決を否定している。ポンペオには二四年の大統領選に出馬する意図もあることが指摘され、自らを強烈なイスラエル支持勢力の福音主義者であることを強調した。アメリカの福音主義者は、パレスチナにユダヤ人が集まれば集まるほどキリストの再臨が早まると考え、パレスチナのアラブ人（＝パレスチナ人）をヨルダン川西岸などから排除することを支持している。

ポンペオはトランプ政権がパレスチナ和平を実現したことを誇ったが、国連によればトランプ政権時代の四年間、五三六人のパレスチナ人が射殺され、五万七九〇九人が負傷した。トランプ政権はイスラエルの右翼勢力の要求を満たすかのように、イスラエルが占領するシリアのゴラン高原にイスラエルの主権を認め、やはり占領地であるエルサレムにアメリカ大使館を置き、エルサレムがイスラエルの首都であることを認めた。国連憲章によれば、武力による土地併合は認められないのに、安保理の常任理事国であるアメリカが武力による領土併合を認めた。これではアメリカにはロシアによるウクライナのクリミア半島や東部地域併合を非難する資格がないと言われても仕方ない。

バイデン政権になっても、エルサレムに移されたアメリカ大使館を元のテルアビブに再移転する動きはなかった。イスラームの聖地でもあるエルサレムにイスラエルの主権を一方的に認めることについて、アメリカ政府にはイスラエルを支持したという満足があるかもしれないが、パレスチナ人、あるいはイスラーム世界全般の人々から見ればイスラームという宗教をないがしろにするもので、トランプ政権によるイスラエルに対する絶対的な支持、支援の姿勢はアメリカに対するイスラームの側からの反発を更新することになったに違いない。

第二章　アメリカのイスラームへの歴史的視点

一　アメリカの「オリエンタリズム」の対象としてのイスラーム世界

オリエンタリズムと歴史を抹殺する帝国主義

パレスチナ系アメリカ人の思想家エドワード・サイード（一九三五～二〇〇三年）は、『オリエンタリズム』（一九七八年）の中で、ヨーロッパは歴史的にオリエント（東洋）を自らとはまったく対照的なものとして、後進性、敵対性、非合理性をもつ実体としてとらえていると主張した。進歩を遂げた西洋が後進的なオリエントを救済する美名の下に植民地主義、人種差別主義を正当化したというのがサイードの考えであった。そうしたヨーロッパのオリエント観は、イギリスの詩人ラドヤード・キップリング（一八六五～一九三六年）が「ヨーロッパには世界を文明化する負担（burden）がある」と発言したことにも見られた。アメリカがイラクの民主化を唱え、イラク戦争を開始したり、アメリカのネオコンなどがイスラームを「テロリズムの宗教」と唱えたりするのも、「オリエンタリズム」的な発想が欧米世界では根強くあることを示している。

サイードは、西洋のオリエントを蔑む傾向を「オリエンタリズム」として批判し、西洋には、「否定的な価値をもった他者」と「自己」を峻別しようとする意識が強く存在すると考えた。そのオリエンタリズムの考えが顕著に表れているのがアメリカの中東政策である。

いま一つの見方は、軍隊を動かし他国に干渉する合衆国です。一九五三年にイランの民族的なモサッデグ政権を転覆させ、シャー（国王）を復位させた合衆国です。最初は湾岸戦争への介入で、次には経済制裁を発動することによって、イラクの民間人に甚大な被害を与えた合衆国です。中東に住んでいれば、こういったことは継続的な支配欲の表現として映ります。

（サイード『戦争とプロパガンダ』中野真紀子・早尾貴紀共訳、みすず書房、二〇〇二年）

アメリカ主導の経済制裁が人道上の危機を招いたのは、一九九〇年代のイラクのサダム・フセイン政権に対するもので、一九九四年一月九日付の「ニューヨークタイムズ」によれば、イラクでは四〇〇万人の人々が制裁の犠牲になり亡くなった。この記事によれば、その犠牲者の三分の一は五歳以下の子どもたちであり、さらに二〇〇万人が栄養失調のために病気にかかった。食べ物や医薬品はこの制裁から除外されるとされたが、イラクでは飢えや病気が広がっていった。イラクへの制裁は本来最も苦しめるべき対象であるフセイン・ファミリーやその周辺が密輸ビジネスで莫大な利益を上げることになった。

二〇〇三年二月二〇日、ブッシュ政権がイラク戦争の準備を着々と進めていた時期にサイードはカリフォルニア大学バークレー校で「アメリカ、イスラーム世界、パレスチナ問題（The United States, the Islamic World, and the Question of Palestine）」と題する講演をした。パレスチナ人に対するイスラエルの不正義がなくならない限り中東には平和が訪れることはない、アメリカはイスラエルへの支持やイスラエルによる人権侵害を再考すべきだと説いた。

サイードは一九三五年にエルサレムでクリスチャンの家庭に生まれ、一九四八年の第一次中東戦争の際にカイロに移住した。プリンストン大学やハーバード大学などアメリカの大学で学び、コロンビア大学で英文学と比較文学の教鞭をとった。一九九一年まで一四年間、パレスチナ民族評議会（PNC）のメンバーだった。

ヤーセル・アラファトを倫理性に乏しいと批判し、一九九三年のオスロ合意を「パレスチナを屈服させるための道具」と形容した。また、イスラエルに人権侵害がありながらも、イスラエルを支援するアメリカ政府の姿勢を批判し続けた。

サイードは、イラクのサダム・フセイン政権の弾圧政治を認めるものの、イラク戦争の正当性であるイラクの大量破壊兵器の保有を説明したコリン・パウエル国務長官の姿勢は、イスラエル政府が一九四八年以降行ってきたことを覆い隠すものであると語った。イスラエルは、拷問、暗殺、市民への軍事攻撃、領土併合、大量殺戮、通行の自由の禁止や妨害、医療支援の阻害、水の強奪などを行っているが、こうしたイスラエルの行為はアメリカの承認があって行われている。イスラエルを支持することによって、アメリカは国内のパレスチナ系市民に対しても人種に基づく不当な監視、拘束をしている。同様に、サイードはアラブ諸国政府のパレスチナ人に対する扱いにも非難の矛先を向け、四〇万人ものパレスチナ人が難民キャンプの外に移住することができないなど、人権が蹂躙されていることに座視したままの姿勢を批判した。

サイードはかつてのヨーロッパ社会のユダヤ人に対する扱いに同情を示しつつも、「しかし過去の不正を考慮することは、イスラエルがパレスチナ人に対して行っていることを正当化するものではない。イスラエルのユダヤ人たちは建国以来、自らがかつてされた人権侵害をパレスチナ人たちに対して行っている」と断言した。

自らもピアノの演奏を得意とするサイードは一九九〇年代初頭にイスラエルのピアニストで、指揮者のダニエル・バレンボイムとの出会いに和平の希望があると思うようになった。バレンボイムはヨルダン川西岸のビルゼイト大学で、イスラエルの音楽家として初めてパレスチナで演奏を行った。サイードとバレンボイムはドイツのワイマールで合同の演奏をして、一九九九年にはエジプト、シリア、レバノン、ヨルダン、チュニジア、イスラエルの一四歳から二五歳までの若者たちを集めてオーケストラを設立している。ワイマールはペルシアの詩人ハーフェズの作品などオリエントの文化を敬愛したゲーテが活動したところで、政治や文化史の上で、オリエントと西洋文化が交わるところとサイードは考えた。この試みにはベルリン・フィル、シカゴ交響楽団、チェリストのヨーヨー・マなどが協力し、後押しした。サイードたちが立ち上げたオーケストラは二〇〇一年にワイマール、二〇〇二年にシカゴ、二〇〇三年にスペインのセビリアで演奏を行った。

「人々が対立する問題に分離とか、戦争は解決を与えない。音楽でもなんでもいい。協力こそが必要で、私は楽観的だ」、「パレスチナ問題の解決が不可能と考えるのは間違いだ。人間の紛争は人間によって起こされるが、それは人間によって解決することも可能なのだ」、「歴史というものは人間が作るものであり、作らずにおくことも、書き直すことも可能だ」とサイードは主張したが、サイードが言いたいのは、「ヨーロッパ、第二次世界大戦後はアメリカがオリエント地域（中東）にやってきて、この地域の歴史を勝手に書き変えた。そこでは、民族、言語、文化などの要因に対する精密な検討は行われず、オリエントの正しい歴史を書くための史料は放置されてしまった。ヨーロッパがオリエントに関して書いた歴史は、ヨーロッパ側のプリズムを通してのものであり、そこにはヨーロッパのオリエントに対する優越感、偏見、誤解がつきまとっている」、ということだ。

すべての帝国は、自らは他のあらゆる帝国とは異なってその使命が略奪や支配ではなく、教育し、解放することだと自らやまた世界に向けてうそぶく　――サイード

サイードによれば、「帝国」の本来の使命とは、一九世紀後半から第一次世界大戦に現れた、あるいはイラク戦争に見られるような「ネオ帝国主義」による戦争などではなく、他国の自立を促し、発展をもたらすことなのだ。

自らがかつて犠牲を強いられたからといって、他者に犠牲を強いることを継続できないはずだ。自ずと制約がある　――サイード

これは言うまでもなく、イスラエル政府の姿勢を示している。欧米人がイスラエルの対パレスチナ政策を批判すれば、必ず「反ユダヤ主義」という批判が返ってくる。しかし、イスラエルはガザを二〇〇七年から経済封鎖し続け、パレスチナ人の移動の自由を奪い、

パレスチナ人の水源をコントロールし、パレスチナ人の抗議デモに対しては発砲を行っている。イスラエルが非難の対象となるのはパレスチナ人への人権侵害であって、それはナチス・ドイツのようにユダヤ人を抹殺したような「反ユダヤ主義」とは明らかに異なるものだ。

オリエンタリズムとは要するにオリエント（東洋）を支配し、再構築し、それに権威をもち続ける欧米のシステムとして論じ、分析することができる
——サイード

イラク戦争はまさにこのサイードの主張の通り行われたが、欧米のシステムの確立にはまったく成功しなかった。サイードは二〇〇三年に他界しているので、トランプ前大統領の政策や主張には接していない。トランプ前大統領が行ったイスラーム系七カ国に対する入国制限措置は、多分に人種主義的発想から生まれていることは明らかで、オリエンタリズム的見方を背景にしている。しかし、トランプは経済的にはイスラーム諸国と関わりをもち、トルコのイスタンブールには二つのトランプ・タワーがあり、インドネシアでは二つのリゾート・ホテルを経営し、ドバイには「ザ・トランプ・ワールドゴルフクラブ・ドバイ」もある。

「文明間の衝突」はハーバード大学教授サミュエル・ハンチントンが一九九三年に論文で発表した政治理論で、冷戦後の世界は東西対立というイデオロギー対立が消滅するものの、宗教に基づく文明間の対立が顕著に見られていくというものだった。ハンチントンがこの理論を最初に口にしたのは、その前年の「アメリカ企業研究所（AEI）」というネオコンの研究所であったところからも、常に「敵」が存在しなければならないアメリカの軍産複合体にとっては都合がよいものであったに違いない。ハンチントン理論がイラク戦争をはじめとするアメリカの「対テロ戦争」に都合よく役立ったことは想像に難くない。

サイードは、このハンチントンの理論を「無知の衝突」と皮肉り、世界の相互依存性、文化の相互作用を無視し、最も嫌悪すべき人種主義、アラブやムスリムに向けたヒトラー的な主張であると断定した。

サイードは、シオニズム（イスラエル国家のイデオロギー）はヨーロッパ植民地主義の原則がパレスチナに移入されたもので、にもかかわらず欧米諸国はパレスチナ人たちが置かれた苦境に配慮することがないと語っている。サイードは、西洋のオリエント認識は人種主義に基づくもので、西洋的な考えに同化しない人種に冷淡なのだと説いた。シオニズムは、元々パレスチナに住んでいた人々の存在を否定し、排斥する傾向にある。彼は、世界各地の人権侵害を批判する欧米諸国が、イスラエルのパレスチナ人抑圧を問題にすることがない「偽善」を指摘する。

「文明の衝突」を乗り越えるにはサイードが主張するように、文明の中の多様性が強調され、その多様性が多くの人々によって共有され、寛容な意識が育まれることが必要だ。イスラーム文明の中で、ユダヤ人たちはオスマン帝国の中では排斥されることなく、その経済発展に多大な貢献を行った。クロアチア出身の神学者のミロスラフ・ヴォルフは、「正しく、確固たる教義に基づく宗教アイデンティティーとは、戦争などの政治的暴力ではなく、本来紛争解決や和平構築の際に現れる」と述べている。

カナダのモントリオール大学教授のヤコヴ・M・ラブキンは「伝統的ユダヤ教徒の根底にあるのは、国家に依存しない「絶対的平和主義」である」と主張する。キリスト教にも、イエスの言葉として、「悪人に手向かってはならない。だれかがあなたの右の頬を打つなら、左の頬をも向けなさい」（マタイ5・39）や「敵を愛し、自分を迫害する者のために祈りなさい」（マタイ5・44）などがある。本来の宗教とは、平和や安定を破壊するものではなく、むしろそれらを建設する役割を担うものだが、イスラエルのナショナリズムであるシオニズムは宗教を破壊や紛争のために利用しているかのようだ。

イラク戦争とバーニー・サンダースの予言

二〇一六年の大統領選挙に向けての民主党の候補者選びで、当初優勢だったのはヒラリー・クリントンとバーニー・サンダースの二人だった。

ヒラリー・クリントンは二〇〇三年のイラク戦争に賛成したが、バーニー・サンダースは反対票を投じた。バーニー・サンダースは、二〇〇二年一〇月九日に議会でイラク戦争反対の演説を行い、「イラクの戦争で何人のアメリカの若者たちが戦死するのか、またどれだけのイラクの女性や子どもたちが犠牲になるのかまったく聞き及んでいない。世界に責任をもつ国として戦争が引き起こす恐るべき大災難を防ぐためにあらゆる手立てを尽くさなければならない。戦争はあくまで最後の手段だ。サダム・フセインが排除された後、いったい誰がイラクを統治するのか、政権崩壊後に発生するだろう内戦にアメリカはどんな役割を担うだろう？　イスラーム原理主義勢力を抱える穏健な政府が打倒され、過激勢力にとって代わられることはないのか？」(https://www.youtube.com/watch?v=NdFw1btbkLM)と語っている。

イラク戦争はバーニー・サンダースの予言した通りに展開することになった。米兵士の戦死者は四〇〇〇人以上、イラク市民の犠牲は少なく見積もっても一〇万人、フセイン政権崩壊後にスンニ派、シーア派の武装集団による泥沼の内戦、ＩＳの台頭などの大混乱を招き、戦争の「大義」となった大量破壊兵器もついに見つからず、戦争が大失敗であったことは衆人が認めるところとなっている。

イラク戦争を主導したアメリカのブッシュ大統領は、戦争によってイラクは「自由」になり、独裁体制から民主主義への移行を実現すると豪語した。しかし、アメリカがつくり上げた政府は国民の自由を制約する権威主義的方策をとり、政治的自由を大きく制限し、また私腹を肥やしたことも、スンニ派地域の人々がＩＳを支持する背景になった。アメリカにはイラクが自由や民主主義に至る具体的な計画がなく、サンダース議員が語ったように、誰がイラク政治を担っていくかについても具体的なビジョンがなく、フセイン政権の打倒しか視野になかった。

アフガン戦争をめぐるアメリカのオリエンタリズム

バイデン大統領は、二〇二一年八月一七日、アフガン政策について「アメリカのアフガン政策の目的はアルカイダの解体とオサマ・ビンラディンを殺害することだった。アフガニスタン国家の再建や復興はアメリカの役割ではない」と述べた。また、「我々のアフガニスタンにおける使命は、ネーション・ビルディング（国家造成）ではなく、統一した、中央集権的な民主主義の創設など構想したことはなかった」とも語っている。

しかし、アメリカは対テロ戦争開始後、アフガニスタンの復興も視野に入れてきたことは明らかで、バイデン大統領は不正確な、事実でないことを述べている。「アメリカ国際開発局（USAID）」のウェブ・ページを見ると、USAIDは対テロ戦争でフル稼働状態となり、アフガニスタンとイラクの政府、インフラ、市民社会（civil society）、また保健衛生や教育の再建を行ったとある。バイデン大統領はこうした経緯を理解していないのか、忘れたのか、あるいは意図的に虚偽を述べて、隠していたかのいずれかだったろう。

アメリカ政府はアフガニスタンで二〇年間にわたって一四五〇億ドルを治安部隊、政府組織、経済、市民社会の再建のために費やした（https://goachronicle.com/us-ruined-afghanistan-in-20-year-and-left-it-for-taliban-to-destroy-it/）。

バイデン大統領は二〇〇三年に上院外交委員会で、アメリカがアフガニスタンのネーションョン・ビルディングを達成できなければ、アフガニスタンは混迷に陥り、血に飢えた軍閥、麻薬密売人、テロリストで溢れることになると述べている。イラク戦争もそうだったが、「自由」と「民主主義」の促進はアメリカが他国で戦争を行う場合、それを正当化する理念になってきたが、自由とか、民主主義の価値観を植えつけ、実際にその政治制度もつくることもまたネーション・ビルディングに含まれることは言うまでもない。

バイデン大統領はまた「米軍はアフガニスタン軍が戦う意思がない戦争で戦うべきではない」とも同じ演説で語ったが、二〇〇一年の対テロ戦争開始以来、アフガン人の治安部隊の戦死者は六万五〇〇〇人に上った。米軍はアフガニスタン軍が最前線で必死に戦っている時期にもタリバンに対して決定的な勝利を収めることができなかった。バイデン大統領の発言はアフガニスタン軍の戦死者に対する礼を失していた。

アフガニスタンから米軍を撤退させたバイデン大統領の論理は破綻しており、また彼自身のネガティブなイメージを国際社会に見せることになった。奇異に見えたトランプ前大統領の後に登場した大統領だけに国際社会の落胆は大きかった。アフガニスタンに混乱があるまま米軍を撤退させたバイデン大統領の無責任とも言える政策判断にはアメリカのアフガニスタンに対するオリエンタリズム、つまり植民地主義的・人種主義的な見方や偏見があると言われても仕方ないほどだった。

アメリカは自国の現実的利益を最優先させて、アフガニスタンから大義を放り出して撤退した。日本に駐留する米軍は、危機の時には日本を防衛することになっているが、アフガニスタンで発生した事態は日本にとっても他人事ではない。

バイデン大統領は不正確なことを言って米軍をアフガニスタンから撤退させた。アフガニスタンで混乱が増大するにつれて、難民の数も増えたが、バイデン政権には新たな難民の発生について道義的責任があることは間違いない。二〇二一年一月以来、タリバンの攻勢が強まるにつれ、アフガニスタン難民の数も増加し、撤退までに四〇万～五〇万人ぐらいが難民化した。それほど米軍撤退後のアフガニスタンの将来に不安を感ずるアフガン人は多かった。

チョムスキーが警告するイスラエルの「ユダヤ・ナチ」的傾向

「予防戦争」とは「侵略してくる可能性のある潜在敵国に対し、その戦争遂行能力が自国にとって危険となる前に、機先を制して攻撃し、その侵略の企図を未然に阻止するために、進んで行う戦争」と『ブリタニカ国際大百科事典』にある。つまり、潜在的な敵が軍事的に強大になる前に戦争でその能力を奪う、「戦争やるならいまでしょ」ということになる。

アメリカの哲学者、言語哲学者、言語学者であるノーム・チョムスキー（一九二八年生まれ）はブッシュ政権によるイラク戦争を指して「予防戦争とは、ニュールンベルク戦争裁判で「最悪の犯罪」と断罪されたものにほかならない」と主張し、イラク戦争を強く非難した。

ヒトラーの第三帝国のドイツには、独ソ不可侵条約があったものの、ソ連が軍事的に強大になり、スターリンがいずれドイツに戦争をしかけてくるのではないかという疑念があった。実際、ソ連の軍事力は冷戦時代にアメリカと張り合うほど強大になっていくのだが、ヒトラーはソ連に先制攻撃を行い、ソ連の政治的・軍事的影響がドイツの勢力圏や西ヨーロッパに及ぶことを阻止しようとした。

ノーム・チョムスキーは、二〇一八年一一月上旬に i24 News のインタビューの中で、イスラエルで「ユダヤ・ナチ的傾向」が強まっていることに関心を寄せざるをえないと発言した。チョムスキーは、ユダヤ系のアメリカ人だが、イスラエル・ヘブライ大学の教授であったイェシャヤフ・レイボヴィッツ（一九〇三〜九四年）がイスラエルの占領が続けば、イスラエルは「ユダヤ・ナチ」に転ずるという警告を発したことに触れ、ユダヤ・ナチは強い表現だが現在のイスラエルの行動に言い得るものだとインタビューの中で語っている。

レイボヴィッツは、「イスラエル国家」と「シオニズム」はユダヤ人のヒューマンな価値観を忘れるようになり、イスラエルの占領地でのふるまいをユダヤ・ナチ的なものと表現した。レイボヴィッツは、一九五三年にイスラエルの特殊部隊である第一〇一部隊（のちに首相となるアリエル・シャロンが指揮を執っていた）がヨルダン川西岸のキブヤで、非武装の女性や子どもたちなど七〇人を虐殺し、村を破壊すると、この虐殺がシオニズムの産物であると断言した。シオニズムというナショナリズムが、テロリストではない、正規の軍隊に残虐な行為を行わせたというのがレイボヴィッツの考えであった。

現在のイスラエルでは、占領に反対する者たちに「裏切り者」のレッテルを貼る傾向があり、イスラエルの左派勢力をイスラエル政治の舞台から消滅させることになったとチョムスキーは主張している。また、ガザの二〇〇万人の人々を「強制収容所」に押しとどめ、悪意ある封鎖の下に置くことは、まったく正当化されるものではなく、イスラエルの占領の継続がアラブ人たちの反感を招き、かえってイスラエルの安全を損なうというのがチョムスキーの考えだ。

二〇二〇年七月にチョムスキーは、イスラエルを批判することやパレスチナ人を支援することが、「反セム（ユダヤ）主義」という「汚名」を着せられることになり、この「武器」が前イギリス労働党党首のジェレミー・コービンに対する下品で、欺瞞に満ちた誹謗中傷となったと述べている。イギリスの平等人権委員会（EHRC）はコービンが労働党党首時代にイスラエルを批判したことが反セム主義であると非難し、それに彼が反発したため、二〇年一〇月に党員資格を停止された。

「反シオニズム」とはパレスチナ人の人権を侵害するイスラエルの政府の政策を批判することで、ユダヤ人すべてを差別、迫害、排除するナチス・ドイツが行ったような「反セム主義」と区別されるべきである。イスラエルを批判する者を「反セム主義」と形容することは、「反セム主義」の本質を正しく伝えず、その犠牲となったユダヤの人々を冒瀆することにもなりかねない。

チョムスキーによれば、イスラエルはリベラルな市民の支持を失い、欧米の最も反動的な勢力や原理主義的な福音派の運動と手を結ぶようになり、これらの運動は、反ユダヤの反セム主義のイデオロギーをもちながらも、ユダヤ人の国イスラエルの過激な行動を支持しているという。福音派の考えでは、イエスの復活によって成立する千年王国ではユダヤ人の特別的な地位を認めることはなく、トランプ前大統領を支持する福音派にはユダヤ人を蔑む白人至上主義者が多い。

二〇二一年四月二三日付の「ニューヨークタイムズ」のインタビュー記事の中でチョムスキーは、中国のウイグル問題との対比の中でパレスチナのガザについて論じている。チョムスキーは、アメリカは一〇〇万人のウイグル人が「再教育施設」に収容されるなどウイグル人に対する中国の人権抑圧を非難するが、ガザでは二〇〇万人の人々が狭い空間に閉じ込められ、発電所、下水道施設が破壊され、定期的に空爆に遭っており、これらはウイグル人たちにはないことを強調している。チョムスキーはガザの問題は我々（アメリカ）に責任があると、歴史的にパレスチナ問題を発生させた欧米世界には改善・解決する責任があることを強調している。アメリカ、イギリス、カナダなど欧米諸国はウイグルに対する中国の人権侵害を強く非難するものの、イスラエルによるガザの人権抑圧を批判することはない「二重基準」をチョムスキーは痛烈に非難している。

エマ・ワトソンにも浴びせられた「反セム主義」という言葉

映画『ハリー・ポッター』の出演女優のエマ・ワトソン（一九九〇年生まれ）は、二〇二二年一月、インスタグラムに、「solitary is a verb（連帯は動詞である）」と書き込み、それにパレスチナ人支持の画像を重ね合わせ、パレスチナ人への共感の意思を明らかにした。あっという間に一〇〇万以上の「Like」がつき、多くの感謝のコメントがパレスチナ人をはじめとするイスラーム世界の人々などから寄せられた。エマ・ワトソンの書き込みにはイスラエルによるガザ封鎖、攻撃、占領地での入植地拡大、政治犯の逮捕・拘束などの人権侵害や国際法違反に対する抗議の意図が込められていたことは間違いない。これに対してイスラエルの国連大使は即座に「反セム主義」と批判した。

二〇二一年五月、ユダヤ教正統派ラビのシュムリー・ボアテックは、「ニューヨークタイムズ」にパレスチナ人の権利を支援したという理由で、イギリスのシンガーソングライターで、モデルのデュア・リパ（一九九五年生まれ）が反セム主義者であるという意見広告を出した。デュア・リパは東エルサレムの「シェイク・ジャッラ（イスラエルによって立ち退きを迫られているパレスチナ人の居住地域）を救え」などのスローガンをツイートしていた。

ボアテックは、トランプ前大統領の熱烈な支持者で、イスラエルの入植地拡大に賛成の声を上げている。デュア・リパは直ちにこのボアテックの主張を否定し、自らを反セム主義者ではないことを強調した。デュア・リパの両親は旧ユーゴ・コソボの首都プリシュティナの出身で、「デュア」には「祈る人」の意味がある。

「反セム主義」という言葉は、既に述べたように、イスラエルを非難すると、即座にイスラエルや、イスラエル支持勢力から必ず返ってくる言葉で、ユダヤ人迫害を行ったナチス・ドイツの政策と重ね合わせる意図がある。

政治哲学者のハンナ・アーレント（一九〇六～七五年）は、イスラエル初代首相のデヴィッド・ベングリオンやイスラエルの多くの人々が「反セム主義」によって、ユダヤ人がガス室や人間石鹸に至ったと強調しているせいで、「反セム主義」は永久ではないにしても、当分の間、まったく信用を得られなくなったと述べている。「反セム主義」という言葉は一九世紀のナショナリズムに基づいて成立した国民国家の求心力を高めるために、ユダヤ人という「異分子」が意図的に排除される政策がとられる中で、ナチスなどによって頻繁に用いられた。イスラエルはヨーロッパのナショナリズムと同様に、反セム主義という言葉を使うことによって国内の異分子（＝アラブ人）を排除することを正当化しようとしている。イスラエルはユダヤ人と非ユダヤ人の通婚を禁止するなど、ナチスと同様のことを行うようにもなった。

パレスチナ人の人権擁護を訴えることが「反セム主義」でないことは言うまでもない。アメリカの哲学者のジュディス・バトラー（一九五六年生まれ）によれば、トランプ前大統領の支持者たちは、政府は自分たちが経済的に成功する可能性を妨害していると主張、政府による規制や介入に反対し、トランプ前大統領が連邦税を払わなかったことを称賛して彼のようになりたいと考えているようだ。また、一部の支持者たちは、自らの怒りがトランプの公に放たれる、何にも抑制されない言動によって解放されているような興奮を覚え、リベラルや左翼を抑圧的な機械と考え、トランプを解放の主体と見なしているとされる。トランプ支持者たちは、オバマ政権時代に成長した左派、フェミニスト、公民権や社会的平等を求める運動によって抑圧され、一種の検閲を受けたような気分になっているというのがバトラーの観察だ。

ユダヤ人のバトラーは、『分かれ道――ユダヤ性とシオニズム批判』（大橋洋一・岸まどか訳、青土社、二〇一九年）の中で、「自分たち（ユダヤ人）だけが占有する国土（という一者性）」に固執するイスラエル国家に対して、「ディアスポラ的な自由において、他者に開かれ、他者の中で共存するという民族性」においてユダヤ人は特徴づけられると述べ、他者に「他者の中に入っていき、かつ、他者を同化させるのではなく、お互いの違いを認め合って共生していく力をこそ、ユダヤ民族の美質だと捉えなおすべきだ」と主張している。

バトラーは、彼女がイスラエルの過度の国家的暴力と人種差別を批判するのは、彼女を批判する理由としてあるユダヤ人の自己嫌悪とか、反ユダヤ主義からではなく、ユダヤ人としての社会正義の価値からだと述べている。彼女は、イスラエルの占領と植民地支配を終焉させる前提として、イスラエル・パレスチナの同等な権利、パレスチナ人の民族自決権を実現しなければならないと訴え、イスラエルとパレスチナが平等や正義を達成するには、パレスチナ人の土地所有の権利を確立し、土地の再分配を実行しなければならないと述べている（Judith Butler: On Israel, Palestine and Unacceptable Dimensions of the Status Quo）。

アーレント、バトラー、チョムスキーは皆ユダヤ人だが、オーストリア生まれのユダヤ人哲学者のマーティン・ブーバー（一八七八〜一九六五年）は、ドイツの「反セム主義」によってフランクフルト大学の教授の任を解かれ、エルサレムのヘブライ大学に移っていった。それでもユダヤとアラブの対話こそが肝要であり、パレスチナに創設する国家はユダヤ人とアラブ人が主権と統治を共有すべきことを訴えた。現在、パレスチナ人との対話を拒絶し、パレスチナ人を排除するイスラエルは、本来ユダヤ人がもつ「人間らしさ」を忘れ、ユダヤ人のイメージをゆがめている点で、「反セム主義」と共通項をもっていると言わざるをえない。

ハンナ・アーレントのシオニズム批判とイスラエルという「覇権国家」

直前で触れた政治哲学者ハンナ・アーレントは、ユダヤ人が自分たちを排除した国民国家の原理で国家を建設すれば、今度は自分たちが他民族を排除する側に回ってしまうと説いた。彼女はユダヤ人がパレスチナに自らの国家を建設するならば、アラブ難民というかつての自分たちと同じ故郷喪失者を生み出すことになることを見通していた。また、イスラエルのユダヤ人たちが隣人であるアラブ人を敵視することになったら、敵対する民族に取り囲まれて暮らし、少数民族や他国の国民に対して抑圧的・排他的になっていくだろうと予見していた。そうなれば、イスラエル人は古代スパルタ人のように、兵士種族になるしかないし、世界中のほかのユダヤ人からも孤立することになるだろうと警鐘を鳴らした。

アーレントによれば、ヨーロッパの同質性と異分子排斥を求める「反ユダヤ主義」とヨーロッパ帝国主義による膨張は、「人種主義」の潮流を増幅させ、この二つの「主義」に基づく疑似宗教的な世界観の下に何も考えない大衆を統合していったのが全体主義であった。英仏などのヨーロッパの植民地主義・帝国主義は、劣等なユダヤ人や東欧を支配しようとするナチスの人種主義への扉となり、ブーメランのようにヨーロッパ世界全体に返り、その大混乱を招いていたとアーレントは指摘する。つまりアーレントによれば、全体主義とはヨーロッパが元々内包する矛盾から生まれたものなのである。
アーレントは、「悪の凡庸さ」という言葉を使って平凡な人間が行う悪こそ世界最大の悪だと説いた。考えることを放棄することによって、誰もがユダヤ人虐殺に加担したアドルフ・アイヒマンのような人間になってしまうと彼女は説いた。アーレントによれば、アイヒマンは、決して愚かではなく、思考することを放棄することで、ホロコーストという悪をもたらしたと主張している。悪とはシステムを無批判に受け入れることであるとも述べている。

It's that man becomes strong by thinking I wish.
They don't seem to come to ruin by thinking out in the critical position.

私が望むのは、考えることで人間が強くなることです。
危機的状態にあっても、考え抜くことで破滅には至らない。

——ハンナ・アーレント

アーレントはシオニズムが伝統的なユダヤ人共同体であるイシューブを崩壊させかねな

いという理由で、シオニズムに反対した。アーレントが現在生きていれば、ヨルダン川西岸を併合し、イスラエルはユダヤ人のみによって構成されるというユダヤ国家法を二〇一八年に成立させたネタニヤフ政権の動きをどう見るだろうか。異分子排斥と膨張主義はかつてヨーロッパの帝国主義が内包し、全体主義への道を開いた矛盾であるはずだ。

イスラエル国家の最終的崩壊を予見したアインシュタイン――シオニズムの逆をいくユダヤ人たち

あまりにも著名な科学者のアルベルト・アインシュタイン（一八七九～一九五五年）も、二〇一九年一〇月から一一月にかけて競売に出された文書の中で次のように述べている。

アラブ人との直接的な協力だけが、理にかなった安全な共存をつくり出す。
Only direct cooperation with the Arabs can create a worthy and secure existence.

もしユダヤ人がこれを認識しなければ、アラブ地域におけるユダヤ人の地位は徐々に、完全に維持できなくなるだろう。
If the Jews do not recognize this, the entire Jewish position in the Arab region will

gradually become completely untenable.

ユダヤ教の唯一の「聖書」（タナハ）である旧約聖書「イザヤ書」二章四節はニューヨーク国連ビルの礎石に刻まれているが、

主は国々の争いを裁き、多くの民を戒められる。
彼らは剣を打ち直して鋤とし
槍を打ち直して鎌とする。
国は国に向かって剣を上げず
もはや戦うことを学ばない。

とある。日ごろ、パレスチナ人の家屋を破壊したり、パレスチナ人たちに立ち退きを強いたりするイスラエルの行為はこのタナハの内容をも忘れているかのようだ。
イスラエルではユダヤ人のイスラエルへの移民を増やすことが、イスラエル国家を安定させ、イスラエルの安全保障に役立つという考えがあり続けた。周辺をアラブ諸国に囲まれた歴史の浅いイスラエルにとって、人的資源でアラブに対抗するという考えはごく当然だった。しかし、近年はイスラエルに移住する人口よりも、イスラエルを離れる人口のほうが多くなり、特にそれはリベラルで、世俗的な階層と若年層に顕著に見られるようになった。

イスラエルを離れる理由は、イスラエルによるガザ攻撃やヨルダン川西岸でのパレスチナ人射殺のように、イスラエルが平和な状態を保っていないこと、より良い経済機会を求めることなどがあるが、さらに重要な背景としては、宗教的価値観をことさら強調する極右勢力の台頭に嫌気がさした人が増えていることが挙げられる。イスラエル人に一番人気のあるパスポートは、ドイツとオーストリアで、ユダヤ人迫害の歴史的負い目があるこれらの国はイスラエルのユダヤ人たちが二重国籍を取得するのが容易ということもあるだろう。

アインシュタインは、イスラエルが独立を宣言するおよそ一カ月前の一九四八年四月一〇日に、ニューヨークに本部を置く「イスラエルの自由戦士と連帯するアメリカの友」という、イスラエル独立を支援する組織の指導者シェパード・リフキンに宛てた短い手紙の中で次のように書いている。

本当の、最終的な大きな破滅（catastrophe）がパレスチナでユダヤ人に降りかかった場合、その最初の責任はイギリスにあり、二番目の責任は私たちユダヤ人の中から生まれたテロ組織にあります。私はこれらの誤った犯罪者と関わる人たちと会う気はありません。

アインシュタインの手紙にある予測通りに、イスラエルではユダヤ人のテロ組織＝極右政党の台頭への幻滅が、イスラエル国家の崩壊につながりかねなくなっている。

リフキンはイスラエル独立に、輝かしい科学の功績をもつユダヤ人のアインシュタインの支持を得たかったが、その目論見は見事にはずれた。アインシュタインはリフキンへの手紙を出す前日の四月九日に、ユダヤ人の極右武装集団「イルグン（現在ネタニヤフ首相が率いる「リクード」の母体）」や、同様の武装組織「シュテルン・ギャング」がデイル・ヤシンというパレスチナのアラブ人村で虐殺事件を起こし、少なくとも一〇七人のアラブ（パレスチナ）人が犠牲になったことに衝撃を受け、これに憤慨した。アインシュタインはハンナ・アーレントなどと共に、「ニューヨークタイムズ」紙に意見広告を出し、これらの組織のことを「ファシスト」と形容し、ナチス・ドイツがユダヤ人に対して行ったことと同様な行為を、これらの極右組織は行ったと非難した。

イルグンは、一九三八年にエルサレムのアラブ人市場で爆弾を爆発させ、一〇人のアラブ人を殺害し、さらに同年地中海に面するハイファの市場ではイルグンが仕掛けた地雷で七〇人のアラブ人が犠牲となった。これらの事件に衝撃を受けたイギリス植民地省は一九三九年二月二三日に、イギリスの委任統治が終了した後に、アラブ人の権利を守る独立国家建設の構想を明らかにする。このイギリスの姿勢に激怒したイルグンは、パレスチナ警察のユダヤ人部門の責任者であったラルフ・クランズを同年八月に爆殺した。さらに、イルグンは四六年七月二二日にエルサレムでキング・デーヴィッド・ホテルを爆破し、アラブ人、イギリス人など九一人が犠牲になった。イスラエル独立に至る過程で英米調査委員会は、イルグンを「テロ組織」と認定したが、このイデオロギーをもつネタニヤフは、多年にわたってイスラエルの首相職にあり、多数の市民の犠牲を伴うガザ攻撃を繰り返し指導してきた。

イルグンと同様に、現在イスラエルの政権内にいる極右の「ユダヤの力」はエルサレム旧市街のアラブ人商店を襲撃したり、またエルサレムのイスラームの聖地ハラム・アッシャリーフに足を踏み入れ、このイスラームの聖地をユダヤ教の神殿に変えると主張したりしている。

イスラエル国民の海外への流出は、エルサレムをはじめとするパレスチナにユダヤ人たちを移住させせユダヤ人国家を建設するというシオニズムのイデオロギーと相容れるものではなく、シオニズムの破綻を表すものだ。イスラエルにはもはやリベラル系の人々が住む余地がないとも言われるほどになり、国民の四〇%はイスラエルを離れることを望んでいる。

アインシュタインが強調した「社会正義」の追求

アルベルト・アインシュタインのユダヤ人国家に関する当初の考えは、アラブ人と平和に共存し、国境や軍隊をもたず、ユダヤ人の文化や科学を研究する中心になるならば支持する、というものだった。

アインシュタインは、一九三八年にユダヤ人を数千年にわたって結びつけてきたものは民主的な社会正義の考えであり、それは相互扶助と寛容の理念に基づくものであると書いているが、異教の者たちに対しても社会正義、相互扶助、寛容の姿勢で接するべきと彼は訴えていた。

アインシュタインは、一九二九年にシオニズムの指導者ハイム・ワイツマン(イスラエル初代大統領)に「ユダヤ人にとって必要なのはアラブと共存することであり、それができないのであれば、我々は二〇〇〇年の苦難の歴史から何も学んでいないことになる」と語った。彼は、現在のネタニヤフ首相やトランプ前大統領が推進したようなユダヤ人によるパレスチナ人支配やアラブ人が多数のところにユダヤ人国家を創設することに反対していた。こうしたアインシュタインの考えはシオニストたちを失望させていたことは間違いなく、実際彼にはシオニストとしてのアイデンティティーはなかった。

一九三〇年六月一九日付の哲学者フーゴ・ベルクマンに宛てた書簡では、「アラブ人との直接の協力関係こそが価値のあるものであり、安全なユダヤ人の共同体をつくり出すことができる。かりにユダヤ人がこれを認めないのであれば、ユダヤ人の安全は地域で次第に維持できないものとなっていくだろう。しかし、ユダヤ人たちがこれを十分に理解できるほど賢明でなく、またそれを望むほど公平ではないことは悲しいことである」と述べた。

一九三六年一月二五日にアメリカの法律家ルイス・ブランダイスに書かれた手紙では、ユダヤ人は本来ナショナリズムを否定する人々で、ユダヤ人共同体に永続性があるのは、地理的に分散して生活しており、民族的狂信主義から発する愚かな行為をするほどの力の道具をもっていないからであると論じている。ユダヤ人は国家をもつよりも離散して暮らすほうがその運命にかなっていると言っているようだった。「力の道具（＝軍事力）」を行使することはかえってユダヤ人の存在を危うくするとアインシュタインは考えていた。しかし、こうしたアインシュタインの考えとは異なり、現在のイスラエルは「力の道具」によるパレスチナ人支配に頼るようになっている。

一九四二年一一月一三日、ラビで平和主義者、またユダヤ・アラブの協力と和解に尽力していたジュダ・マグネスに宛てた書簡では、イギリスの仲介によることなく、アラブとの誠実な相互理解を行い、国を創設することを支持するが、シオニズムの指導者たちに不安を感じるのはまさにこの点に欠けることだとアラブ人に対する理解を深めようとしないシオニズムの指導者たちへの懸念を述べている。

アインシュタインは、まさにシオニズムの本質を見抜いていたようで、ユダヤ人のナショナリズムであるシオニズムは、アラブ人たちを分離壁によって排除し、力の道具によって彼らの民族的意志を封じ、アラブ人に対する誠実な理解を行おうとしていない。さらに、近年では三大一神教の聖地であるエルサレムの実効支配を確実なものにしようと、エルサレムに住むアラブ人（＝パレスチナ人）の立ち退きを執拗に、力ずくで行うようになったが、そこにアインシュタインが強調したような社会正義を尊重する姿勢を見てとることはできない。

ロバート・ケネディ暗殺とパレスチナ人の怒り

法が犯されたとき、我々はいつも間違った方向に注意を向けている。間違いとわかっていることに我慢した時、忙しいから、恐いからと不正に目をつぶった時、声を上げることに失敗した時、我々は自由や良識、正義に打撃を与えているのだ。

これは、一九六八年六月五日に暗殺されたロバート・ケネディ（一九二五～六八年）上院議員（当時）の言葉だが、世界の政治について普遍性をもっている。

我々の移民に対する態度はアメリカの掲げる理想への信頼を反映している。我々はいつも才能と気力があれば、底辺から這い上がることは可能だと信じてきた。これは人種や生まれた場所によって変わるものではない。

こうした移民に関する理想もロバート・ケネディに一九四八年のイスラエル独立を支持させることになったかもしれない。ロバート・ケネディを暗殺したのは、彼のイスラエルにシンパシーをもつ姿勢に反感をもったパレスチナ系移民のサーハン・サーハン受刑者（一九四四年生まれ）とされるが、現在、再捜査を求める運動もあり、息子のロバート・ケネディ・ジュニアもこの活動を支持している（「毎日新聞」二〇一八年五月二八日付）。

イスラエルでは二〇一九年四月から三年半の間に五度も総選挙が行われるなど、政治が機能不全に陥り、また「カハナチ」と呼ばれるイルグン＝リクードよりも極右のネオナチ政党も議席をもち、入閣するようになっている。ネオナチが統治するようになったイスラエルは事実上分裂状態に陥り、すでに述べたように、その幻滅からイスラエルを離れる人いた。

も少なくない。ネオナチが支配するようになってアインシュタインが予見したように、イスラエルは国家の破綻を迎えているのかもしれない。アインシュタインの考えではイルグンのようなテロ組織が生まれた時点で、パレスチナにおけるユダヤ人国家構想は終わっていた。

ロバート・ケネディが暗殺された一九六八年六月五日は、前年である一九六七年同日にイスラエルが第三次中東戦争を開始した日で、イスラエルはエルサレム旧市街やヨルダン川西岸など占領地を獲得した。サーハンは一九四四年にエルサレムのクリスチャンの家庭で生まれ、一九四八年に第一次中東戦争が発生すると、家族全員が難民となり、イスラエルの過激な民兵組織イルグンによってエルサレム旧市街のダマスカス門付近で殺されかけた。彼にはイスラエルの暴力がトラウマとして残り、カリフォルニアに移住した後も武力でパレスチナ人国家創設を目指すファタハ（パレスチナ民族解放運動）を支持する発言を行っていた。一つの移民国家を創るのに、先住の人々の家屋、土地、職を奪うのは完全な誤りだというのが、サーハン受刑者の考えだった。

アインシュタインは、第一次世界大戦が始まった一九一四年にヨーロッパ大陸の国々が結集、統合することによって、ヨーロッパの平和を考えるという「ヨーロッパへのマニフェスト」を発表した科学者の一人だった。つまり彼は国家という壁を高くするよりも国家を取り払ったほうが平和や繁栄、安寧を達成できるという考えをもっていたが、現在のイスラエル国家の有り様は、国家の壁を高くして、パレスチナ人を拒絶し、ユダヤ人のみの安寧を考えるというもので、アインシュタインの構想とは逆行している（https://www.equaltimes.org/israel-s-far-right-government-goes?lang=en）。

いまだにイスラーム世界で空爆を続けるアメリカ

アメリカ・タフト大学「軍事介入プロジェクト（the Military Intervention Project）」によれば、アメリカは一七七六年の独立以来三九二回の軍事介入を行い、その半分は過去七〇年間に行われている。バイデン政権の下では本格的な軍事介入は行われていないものの、依然としてシリアに米軍は駐留し、ソマリアでは空爆を継続している。ブラウン大学によると、アメリカが二〇一八年から二〇二〇年の間までに八五の対テロ作戦を行い、その中には現在でも継続中のものがある。アメリカでは今後数十年の間に二兆ドルの予算をかけて核兵器を近代化するプロジェクトも進行中だ。

二〇二三年一月一七日付の中東専門サイト「ミドルイースト・モニター」にはアメリカが北アフリカのモロッコに軍産複合体の拠点を設けるという記事があった。その目的は国際的テロリズムに対抗し、モロッコをアメリカの影響圏に置くというものだ。バイデン大統領はバーンズCIA長官からロシアがジンバブエ、スーダン、中央アフリカ共和国、アルジェリア、サーヘル（サハラ砂漠南縁地帯）、サハラ地域で影響力を強化しているという報告を受け取ったとされている。同レポートはロシアがアルジェリアを拠点にアフリカに影響力を浸透させ、アメリカやその同盟国の利益を脅かしていると指摘している。世界を対立構造でしか見ないバイデン政権の近視眼的思考は日本も無関係ではなく、日本と中国の間にある緊張関係もアメリカの作為によって起こされている印象もある。

ウクライナに侵攻したロシアが志願兵の募集に躍起となっていることも、大義なき戦争の本質を表している。二〇二二年八月二四日早朝、米軍はシリア東部デリゾール県のシーア派民兵組織の拠点を空爆した。シリア内戦は、報道されることが少なくなったものの、継続して行われている。

シリアに駐留する米軍の兵力は九〇〇人程度だが、シリアに米軍がなぜ駐留するかについて明確な説明はない。建前上はISが再び台頭することを封じるというものだが、アメリカは、トルコがシリアに軍事介入し、米軍と共にISと戦ったシリアのクルド人勢力を制圧することを黙認した。米軍のシリアへの軍事介入は国連安保理決議などで合法性を得られたものではなく、自衛権の行使と言えるものではない。ISは現在アメリカの脅威ではなくなり、ましてや二〇二二年八月に、米軍がシリアで空爆したシーア派民兵組織はアメリカの脅威でも何でもない。米軍のシリアへの駐留は、ロシアのウクライナ侵攻と同様にシリアの主権を侵害するものであることは明らかだ。ロシアのシリアでの軍事行動はアサド政権の要請によるものだが、米軍に対しては撤退するように求めている。

シーア派の民兵組織はシリアのアサド政権の地上兵力が十分ではないために、イランの革命防衛隊がレバノン、イラク、アフガニスタンなどから組織化したものだ。シーア派の民兵組織は、二〇二〇年一月にトランプ政権が、イラン革命防衛隊のソレイマニ司令官とイラク人民動員隊のムハンディス副司令官を爆殺したことで、反米感情を強めたことは疑いがない。シリアの米軍を無人機で攻撃するようになっているのはイラク人民動員隊の中の「神の党旅団（カターイブ・ヒズブッラー）」という組織で、無人機攻撃はロシアから許可を得て行われている。

ロシア軍は依然としてシリア北西部のイドリブ県で「原理主義勢力」と戦っているが、ロシアはこれらの原理主義勢力はアメリカＣＩＡが支援・訓練していると見ている。ウクライナで対立する米ロがシリアでは直接軍事衝突を起こす可能性も否定できない。シリアでの米兵の死者は一〇人、ロシア軍は一四〇人から一六三人と見られているが（ウィキペディア Casualties of the Syrian civil war）、これらの兵士たちの死に意義があるようには思えない。米軍のシリアでの戦いに正当性は見受けられないし、ロシアは中東での勢力圏拡大や武器売却先の確保というプーチン大統領ら政治家の野心で、シリアに介入を行っている。

ハリウッド映画のオリエンタリズム

ハリウッド映画の『エンド・オブ・キングダム（原題は"London Has Fallen"）』（二〇一六年）のあらすじは、「パキスタン人の「テロリスト」がドローンによる攻撃への復讐として、イギリス首相の葬儀のためにロンドンを訪問したカナダ、日本、フランス、ドイツ、イタリアの首脳を同時多発的に殺害する。アメリカの大統領は危うく難を逃れたものの、「テロリスト」のグループに誘拐されてしまったため、アメリカのシークレットサービスが大統領の救出を図る」というものだ（英文ウィキペディアより）。

この映画の制作会社は、「ミレニアム・フィルム」で、イスラエル出身のアヴィ・レルナーが創設した。レルナーはスティーヴン・セガールやシルヴェスター・スタローンの『ランボー』などを手がけてきたから『エンド・オブ・キングダム』の内容も想像がつく。

ハリウッド映画では、アラブ人やムスリムが「テロリスト」というイメージが特に二〇〇一年の同時多発テロ以降固定化されてきた（『キングダム／見えざる敵』二〇〇七年、『ゼロ・ダーク・サーティ』二〇一二年など枚挙にいとまがない）。

二〇一六年のカンヌ映画祭で最高賞であるパルムドールを受賞したイギリスのケン・ロ

ーチ監督は、映画『11'09''01/セプテンバー11』（二〇〇二年に制作されたオムニバス映画）でアメリカの同時多発テロが発生した日と同じ一九七三年九月一一日にアメリカの支援で起こったチリの軍事クーデターを取り上げている。

世界貿易センタービルのテロ事件による死者数はおよそ三〇〇〇人で、確かに大変多くの人々が命を落とした。しかし、チリのクーデターでは、チリのサンチャゴ・スタジアムだけで三万人以上が虐殺された。これに関して何の式典も行われず、涙も流されず、どのような国際的な機関も団体も、この犠牲者を悼んでいない。

（ケン・ローチ）

アメリカがテロの脅威を減じるためには、単に「イスラーム＝テロ」というような単純な発想ではなく、なぜアメリカがテロの標的となるのか、その背景を自省する姿勢が求められている。繰り返すが、アメリカのイスラーム世界への軍事介入、イスラエルへの偏った支援、またオリエンタリズムなども自省の対象で、アメリカには独善的な姿勢を改めることが求められている。

サイードが言うような欧米諸国の人種主義は、イスラエル独立戦争を描いたハリウッド映画『栄光への脱出』（一九六〇年）、『巨大なる戦場』（一九六五年）などがイスラエル独立を正当化し、イスラエル建国に伴うパレスチナ人の大災厄（パレスチナ人たちは「ナクバ」と言っている）にまったく触れることがなく、パレスチナ難民に同情することがないことにも表れている。欧米諸国はロシアのウクライナ侵攻は非難することがあっても、子どもや女性の犠牲を伴うイスラエルのガザ空爆には沈黙する姿勢に終始しているが、こうした欧米諸国の二重基準も過激派のテロの要因となるなど、中東の政治社会を不安定なものにしている。

少なからぬ日本人はイスラームに対しては「怖い」「物騒」とかいうイメージをもっているかもしれない。ニュースでイスラーム世界が扱われるのはテロや紛争を介しての場合が多く、その文化や芸術が紹介される機会は多いとは決して言えない。イラク戦争を描いたハリウッド映画などを見れば、埃っぽい戦場のシーンに文化や文明が感ぜられることはほとんどないが、日本人がこうしたアメリカのイスラーム・オリエンタリズムに影響されて、イスラーム世界やムスリムたちを見るようなことがあってはならない。

過激派を助長するアメリカの「オリエンタリズム」

アメリカのバイデン大統領は二〇二二年二月三日、米軍がシリア北西部で対テロ作戦を行い、追い詰められたＩＳの最高指導者アブイブラヒム・ハシミ容疑者が家族とともに自爆したと発表した。「テロリストはどこにいようともアメリカから逃れることはできない」と作戦の成果を誇ってみせた。アメリカ政府は彼に関する情報提供に一〇〇〇万ドルの賞金をかけていた。

ウクライナ問題でアメリカと対立するロシアはこのシリアでの米軍の作戦を苦々しく思ったに違いない。ロシアは二〇一五年九月末からシリアに軍事介入を行ってきたが、シリアをロシアの「勢力圏」と考え、地中海に面するシリアのタルトゥース港に海軍の基地を置き、また親子二代にわたるアサド政権に四〇年以上も武器を売却してきた。

バイデン政権によるシリアへの介入は、ウクライナをめぐるアメリカとロシアの緊張や対立をいっそう深めるものであることは間違いない。アサド政権が不安定になり、親米的な政権がシリアで成立すれば、ロシアにとっては経済的な痛手になる。「モスクワタイムズ」によれば、二〇二〇年のロシアの軍需産業への注文額は五〇〇億ドル（およそ五兆七五〇〇億円）から五五〇億ドル（およそ六兆三〇〇〇億円）で、アジアやアフリカでの市場拡大はロシアの政治的影響力が地域的に広がることにもなる。ロシアでは兵器関連の産業に二五〇万人から三〇〇万人が雇用され、ロシアの製造業の中では最大の被雇用者を抱える。雇用の維持のためにもプーチン大統領は勢力圏の維持・拡大を図りたいに違いなく、それもウクライナについて欧米に妥協しない姿勢となっている。

ハシミ容疑者は、二〇一九年一〇月にＩＳの最高指導者アブバクル・バグダディ容疑者が米軍の急襲作戦で殺害された際に、後継のＩＳの最高指導者となった人物だ。バグダディ容疑者のように、ネットを使ってＩＳのイデオロギーを発信することもなく、目立つことはあまり多くなかった。

ハシミ容疑者は一九七六年にイラク北部のタル・アファルで生まれ、父親はモスクから信徒に向かって礼拝の呼びかけを行うムアッジンだったというからイスラームの敬虔な家庭環境の中で育った。モスル大学でクルアーン学を学び、サダム・フセイン体制では一八カ月間軍役に服し、米軍が二〇〇三年三月にイラクに侵攻すると強く反発するようになった。モスル大学大学院に進学し、そこでＩＳの前身である「イラクのアルカイダ」に加わり、組織の宗教判事となり、二〇〇八年初に組織のモスル県の副知事となった。

二〇〇八年に米軍に拘束され、イラク南東部の港湾都市ウンム・カスルにあるキャンプ・ブッカに収容され、そこでバグダディ容疑者などと出会い、互いに影響し合って急進的なイデオロギーを発展させていった。ＩＳでの活動は詳細に知られていないが、ＩＳが一四年にイラク北部のシンジャルを制圧すると、そこに多く住むマイノリティーのヤジディ教徒に対する組織的弾圧に関わったと見られ、ヤジディの女性たちを奴隷化することを彼なりのイスラームの解釈から正当化した。イスラームに関する豊富な知識によって、ISの判事たちを養成したり、宗教学者たちの教育に当たったりするなど、ISの宗教事象に関する指導的地位にあり続けた。日本政府の松野博一官房長官は二二年二月四日の記者会見でハシミ指導者の死亡は中東の平和に向けて重要な一歩となったと発言した。しかし、これまで過激派の指導者を殺したところで、テロが止むことはなかった。

米軍は二〇一一年五月にアルカイダの最高指導者であったオサマ・ビンラディン容疑者をパキスタンのアボタバードで殺害したが、その後ISがイラクとシリアにまたがる「カリフ（イスラーム社会の最高指導者）国家」を創設、日本人ジャーナリストの斬首を含めたテロで世界を震撼させた。

二〇一九年にバグダディ容疑者が死亡した後も、ISの支部を自称する「ISホラサーン州（ISK）」、アフリカのチャド湖周辺では「IS西アフリカ州」、さらにコンゴやモザンビークでは「IS中央アフリカ州」が活動するようになっている。ISKは米軍がアフガニスタンから撤退中の二一年八月末に大規模テロを起こし、九〇人以上が犠牲になった。

米軍による過激派指導者の殺害は暴力の種子を蒔いているようで、テロ活動はISの支部が世界各地に創られているように世界的にも拡散している。イスラームに訴えるテロとは縁がなかったスリランカでも、二〇一九年四月に二五九人が死亡する大規模な同時多発テロが発生した。

二　アメリカの平和運動とイスラーム

今は本当にひどい時代——見直されたイスラームの「正義」「平等」

一九六七年一〇月二一日、ワシントンDCでのベトナム戦争反対デモ（いわゆる「ペンタゴン大行進」）の集会でピーター・ポール&マリー（PPM）が「Wasn't That a Time」という曲を歌っていた。NHKドキュメンタリー「映像の世紀⑼ベトナムの衝撃～アメリカ社会が揺らぎ始めた～」で紹介されていたのは、

There is no freedom in a land where fear and hate prevail.
Isn't this a time, isn't this a time?
A time to try the soul of men,
Isn't this a terrible time?

わが国に自由はない
あるのは恐怖と憎悪ばかり
人々の心に問いかける時ではないか
今は本当にひどい時代

という部分だった（訳は番組の日本語字幕から）。この歌はピート・シーガーによるもので、アメリカ独立戦争の一七七七年から七八年にかけて戦われたヴァレーフォージ（Valley Forge）の戦いを歌ったものだった。ヴァレーフォージは、アメリカ独立戦争中の一七七七年から七八年にかけての冬、アメリカ独立軍と戦った大陸軍が宿営地としたペンシルヴァニア州にある場所である。

一七七七年九月イギリス軍がジョージ・ワシントンなど革命勢力の首都であったフィラデルフィアを占領すると、ワシントンは、革命勢力の軍隊「大陸軍」の一万一〇〇〇人の兵士を率いてフィラデルフィアの北西三五キロにあるヴァレーフォージを冬の陣地として態勢の立て直しを図り、戦った。しかし、寒冷な気候、不十分な食料、疾病などで大陸軍は大いに苦戦した。一七七八年春、フランス軍が大陸軍に同盟し、またプロイセン王国の陸軍士官バロン・フォン・シュトイベンなどが有効な訓練を大陸軍に施したことなどで次第に戦況を盛り返していった。

ピート・シーガー版の一部は、

Our fathers bled at Valley Forge
The snow was red with blood
A time to try the soul of man
Wasn't that a terrible time?

私たちの祖先はヴァレーフォージで血を流した
雪は血で真っ赤に染まった
人々の心に問いかける時ではなかったか
本当にひどい時代だった

というもので、曲のタイトルの「Wasn't That a Time」は、「映像の世紀」の訳に倣えば、「本当にひどい時代だった」という意味だが、「ペンタゴン大行進」で歌ったＰＰＭのヴァージョンはベトナム戦争当時のことを歌い、現在形になっていて、ベトナム反戦の意思を表している。前掲の歌詞は米軍のアフガニスタン駐留を連想せざるを得ない。先に紹介したPPMの歌詞の前には「The wars are long, the peace is frail, the madmen come again（戦争は長く、平和はもろく、狂人たちがまたやって来る）という歌詞がある。アフガニスタンでは、四〇年以上も戦火が続き、アメリカやNATOがもたらした平和はもろく、新しい政府は腐敗や無能で国民に不人気だった。二〇二一年に戦争で政権を奪取し、復権した原理主義のタリバン政権は、欧米諸国の後押しで成立した「Elimination of Violence against Women（EVAW：女性に対する暴力根絶法）」などの秩序を次々と廃止していった。

このように、アメリカは対テロ戦争の意義を放棄するかのように、米軍を撤退させた。アフガニスタンでも戦争で民主主義をもたらそうとする発想自体に驕りがあり、混乱の中で撤退するのはあまりに無責任に見えた。タリバンに見られるように、武力で権力を奪う、あるいは武力で政治を変えようとする発想は、ソ連やアメリカなど諸外国がアフガニスタン社会に植えつけた「戦争文化」だ。アメリカのアフガン政策は失敗のまま幕を引いたが、ベトナム、イラク、アフガニスタンなど、アメリカはこれらの戦争の失敗から何も学んでいないようで、PPMの「狂人たちがまたやって来る」というのはベトナム戦争当時のアメリカに向けられたものだが、イラクやアフガニスタンでも繰り返されている。

アジアや中東にアメリカが「またやって来る」たびにPKO協力法、テロ対策特別措置法、安保法制など日本の戦争協力もいっそう進むようになり、二〇二三年五月に開かれたG7広島サミットでも軍縮による平和ではなくて、軍事力の抑止による平和が主要な発想になり、アメリカが訴える力と力の拮抗の上に戦争のない状態をつくるという考えの下に日本は引きずり込まれるようになっている。世界最大の軍事力をもつアメリカは「狂人たちがまたやって来る」状況を今後もつくっていくことは容易に想像できるが、それにつき合うだけで果たしてよいのだろうか、アメリカが戦争のたびに積み上げてきたイスラームの人々のネガティブな対米観は我々日本人とも無縁ではない。

ティナ・ターナーとアメリカの黒人たち

「ロックの女王」と形容され、「プラウド・メアリー」のカバーなどの大ヒットがあった歌手ティナ・ターナー（一九三九〜二〇二三年）は、黒人差別のあった時代にその歌唱力とダイナミズムで一世を風靡した。彼女のルーツにはブルースやゴスペルがあり、黒人と白人の隔たりが厳とある時代にミック・ジャガーと共演したすごさを回想する人もいる。アメリカでは一九六四年に市民権法が成立して、人種差別のない社会となることが強調されたが、社会生活の多くの面で人種や女性に対する差別が見られていて、彼女のダイナミックな歌や踊りはアメリカ社会の古い殻を破るかのようだった。

アメリカのアフリカ奴隷たちは、出身地域の文化や伝統から切り離されたが、習慣や伝統を保持しながら、それを独自の方法で表現するようになった。アフリカ奴隷たちは、出身地の楽器を使うことは禁じられたが、アメリカで普及したバンジョーなどの弦楽器を用いて彼らが引き継いだ伝統的な音楽の情感を表現するようになったことも、ブルースなど黒人音楽の起源となったと考えられている。アメリカのポップ・シーンでは教会でゴスペル・ソングを歌うようになり、音楽的才能を開花させていったアレサ・フランクリン（一九四二～二〇一八年）のような人もいた。ゴスペルは本来、プロテスタントの福音音楽の意味だったが、白人の宗教音楽、クラシック、黒人音楽が融合して、アフリカ的なリズムとともに黒人の心情が表現されている。

人種間の平等を求める市民権運動がアメリカ社会を席巻していた頃、神の前の平等を説くイスラームに傾倒する黒人たちが現れたとしても不思議ではなかった。アメリカの黒人解放運動家のエルハッジ・マリク・エル・シャッバーズ（マルコムX。生まれた時はマルコム・リトルという名前だった。一九二五～六五年）はネブラスカ州のオマハで貧しいクリスチャンの家庭に生まれた。マルコムXの父親、アール・リトルは「世界黒人地位改善協会（UNIA、Universal Negro Improvement Association）」のネブラスカ・オマハの支部長だった。アール・リトルは白人によって殺害されたが、その体験からもマルコムXは激越な論理で人種主義を批判し、アフリカ系アメリカ人(黒人)の解放の主張や運動を行っていった。

マルコムXは、黒人ムスリム組織「ネーション・オブ・イスラーム」の指導者エライジャ・ムハンマド(一八九七〜一九七五年)の「神は黒人であり、アフリカ系アメリカ人を解放し、悪魔、白人の抑圧者を殲滅する」というレトリックに大きな感銘を受け、一九五二年にエライジャ・ムハンマドを訪ねてイスラームに入信した。一九五四年、マルコムXは、エライジャ・ムハンマドによって、ニューヨーク・ハーレム地区にある「第七寺院」の指導者となり、その激越な人種主義批判のレトリックは彼を黒人解放運動の指導者に押し上げていった。

マルコムXが一九六四年六月六日にニューヨーク・ハーレムで、日本の広島の被爆者で反核運動家の松原美代子さん(一九三二〜二〇一八年)らに会ったことはあまり知られていない。松原さんにとっては「世界平和巡礼」で一九六二年に渡米してから二度目の渡米だった。

マルコムXは、国内的抑圧と国際紛争の関連について被爆者たちに語ったが、取材した記者の表現を借りれば、平和と反人種主義を結びつけたものだった。マルコムXやキング牧師など公民権運動の指導者たちにとっては広島や長崎に原爆を投下したトルーマン大統領の決定は軍事的必要性というよりも、白人至上主義によって行われたものだった。アメリカの黒人社会は早くから核兵器に反対していた。核兵器に使われる莫大な予算が貧困対策など社会政策に用いられるならば、アメリカでは差別はもっと少なくなっていただろうというのが彼らの主張だった。

松原さんの「戦争は人間によって始められ、平和は私たちが苦難を共有することによって始まります。私たちは憎しみに打ち克ち、互いに愛することを学ばなければなりません。人類にとって最も重要な義務は宗教、芸術、文化、スポーツ、教育、経済支援をつうじて友好を養い、促進することです」という言葉は、神への愛を訴え、神の前の平等を説くイスラームに献身したマルコムXに十分届くものだった。

人種差別に抗議したアメリカのムスリムたち

アメリカのムスリムたちは、一八七〇年代から一九六〇年代まで存在した人種差別法であるジム・クロウ法に反対する運動の中でも重要な役割を果たした。ジム・クロウ法は人種ごとに病院、バス、電車、レストランを設けることを規定するなど、差別を法体系化したものだった。

ジム・クロウ法に黒人たちが苦しむ中でアフリカ系アメリカ人のナサニエル・ジョンソンは、アフマディーヤに改宗して、セントルイスにモスクを創建した。

アフマディーヤは、一八八九年に北インドで創始された教えで、一九二〇年代以降アメリカで信徒を増やしていった。アフマディーヤは、「ジハード」の意味を、武力を伴う戦いではなく、精神的な努力に限定する。アフマディーヤは創始者のミールザー・グラーム・アフマド（一八三五〜一九〇八年）がマフディー（イスラームの救世主）を自称することなどによって、イスラーム世界では異端視する傾向が一部ではあるが、人間のあらゆる事象における平和を尊重し、教育、寛容、慈善活動を重視する。

アメリカのアフマディーヤは、明確に人種差別に反対して、マーカス・ガーベイ（一八八七〜一九四〇年）が一九一四年に設立した「世界黒人地位改善協会（UNIA）」を支持した。

黒人の、正義・平等を説くイスラームへの入信はアメリカ社会の矛盾を反映したものであり、社会の中で公平に生きようとする方途を提供するものである。それは、白人を頂点とするキリスト教社会のヒエラルキーの中から抜け出ようとする黒人たちの意思の表出でもある。

時代を下って、人種主義的傾向をもっていたトランプ政権時代の二〇一七年二月に開かれた第八九回アカデミー賞授賞式では助演男優賞を貧困地区の黒人少年の成長を描いた「ムーンライト」に出演した黒人俳優、マハーシャラ・アリ（一九七四年生まれ）が受賞した。マハーシャラ・アリは二〇代半ばでアフマディーヤに改宗している。一九二九年にアカデミー賞が創始されてからムスリムの俳優が受賞するのは初めてのことだった。アリの母親はキリスト教の牧師だが、イスラームに改宗した時に母親に反対されることはなく、母と息子の愛情や絆はますます深まっていったという。マハーシャラ・アリは翌々年のアカデミー賞でも作品賞を受賞した「グリーン・ブック」で助演男優賞を受賞している。

アリの受賞は、トランプ政権にあるようなヘイトを乗り越え、人の情愛を敬う普遍的価値観をあらためて国際社会にアピールするかのようだった。

ルイス・ファラカン（一九三三年生まれ）は、一九七八年にエライジャ・ムハンマドの考えに忠実とする彼独自の新たな「ネーション・オブ・イスラーム」を設立する。ファラカンは一九三三年にニューヨークのブロンクスに生まれ、ボストンで育ったが、マルコムXに影響されて五五年に「ネーション・オブ・イスラーム」に参加した。六四年にマルコムXが「ネーション・オブ・イスラーム」を脱退すると、マルコムXを継いでニューヨークの第七寺院の宣教師となり、またマルコムXが組織の機関紙「ムハンマド・スピークス」を発刊したように、組織の新聞「ファイナル・コール」を創刊した。

このファラカンの「ネーション・オブ・イスラーム」は、白人の経済構造から独立したアフリカ系アメリカ人の経済システムをつくることを訴えるが、この目的のために、ファラカンは化粧品会社を設立するなど組織の経済基盤をも独自につくった。また、ネーション・オブ・イスラームは、地域社会において麻薬や、麻薬に関連する犯罪の撲滅を訴え続けている。

アメリカでは、特に大都市で貧富の格差が広がるとともに、ファラカンによるアフリカ系アメリカ人の連帯への訴えや、アメリカ社会の矛盾に対する批判は、アフリカ系アメリカ人の間で根強い支持を受けている。アフリカ系アメリカ人の人種意識に訴えるファラカンの主張は、「ファイナル・コール」などの機関紙や、またラップ・ミュージックなどを通じて広められ、貧困層だけでなく、アフリカ系アメリカ人のインテリ層の支持をも得るようになった。

「ネーション・オブ・イスラーム」は、アフリカ系アメリカ人のイスラームへの改宗にも大きな役割を果たしている。アメリカではイスラームへの改宗者の九〇%がアフリカ系アメリカ人で、イスラームはプロテスタント、カトリック、ユダヤ教に次いで、四番目に信仰者の多い宗教となったが、アフリカ系アメリカ人の社会的地位の向上や経済的上昇がない限り、社会的公正を説くイスラームはアメリカでも「もたざる階層」の集結点になり続

ける に違いない。

「ルバイヤート」に影響された「我が祖国」の作者ウディ・ガスリー

アメリカのフォークソング歌手ウディ・ガスリー（一九一二～六七年）の曲「我が祖国」の詞は次にある通りで、そこには社会正義の考えが貫かれていた。「我が祖国」は、日本ではピート・シーガーやPPM（ピーター・ポール&マリー）の歌で広く知られているが、この歌は、二〇一七年二月、スーパーボウルで、レディー・ガガによってトランプ前大統領のイスラーム系諸国の人々の入国を禁止するなどの「白人ナショナリズム」に抗議し、すべての人々の正義や自由、公正を求める想いを込めて歌われた。トランプはすでに共和党大統領候補の指名争いの時期であった二〇一五年一二月にムスリムの入国を一切禁止することを政府に求めていた。

In the squares of the city, In the shadow of a steeple;
By the relief office, I'd seen my people.
As they stood there hungry, I stood there asking,
Is this land made for you and me?

街角の広場とか　教会の塔の周囲とか
貧しい人の施設のそばで　仲間の姿を見てきたよ
みんな腹を空かせて立っていた　自分もそこに立ち尽くし　ぼんやりこう考えた
本当にこの国は　みんなのものなのかって？

ウディ・ガスリーは、第二次世界大戦中の一九四三年六月、アメリカ商船隊に加わり、商船で食器洗いの仕事をしたり、船員たちに歌を聴かせたりしていた。一九四三年から翌四四年にかけて、アルジェリアのオラン、アルズーなどを訪ねた。そこで、アラブやイスラーム文化に初めて接することになる。ガスリーは、シスコ・ヒューストン、ジム・ロンギーという音楽仲間とともに北アフリカの貧しい人々に接したが、そこで見た光景は、ジョン・スタインベックの『怒りの葡萄』に登場するダストボウル移民キャンプのように貧しく、荒んでいた。ガスリーは、船員たちの使わない石鹼や余った食料を集め、貧しい人々に配った。商船隊では、ペルシアの詩人オマル・ハイヤーム（一〇四八～一一三一年）に関するワークショップを開いたりしたが、ガスリー自身もハイヤームの「ルバイヤート」をギターやハーモニカの伴奏とともに録音した。自らを「ウディ・ビン・ハイヤーム

（アラビア語で「ハイヤームの息子のウディ」の意味）」と名乗っていた（ハイヤームの「ルバイヤート」を演奏した動画は、https://www.youtube.com/watch?v=SfUdHITUhkU）。
ガスリーは、一九三〇年代の後半からハイヤームの「ルバイヤート」に接し、「ルバイヤート」が説く無常観は、大恐慌時代の経済的な危機に瀕するアメリカ社会の本質に近づき、富への執着の虚しさを説くものだと考えた。

極貧という小径をたどるまで、君は何も得られない、
血の涙で頬を濡らすまで、なにも手に入らない。
なぜ欲望に身を焦がすのか？
利己心を捨てぬかぎり、心清らかな人のようには、自由にはなれない。
――オマル・ハイヤーム「ルバイヤート」（蒲生礼一訳）

ウディ・ガスリーの「オールドマン（老いぼれ）・トランプ」（一九五四年）はトランプ前大統領の父親フレッド・トランプがニューヨーク・ブルックリンで経営する「ビーチ・ヘブン」アパートメントを黒人にはレンタルしないように指示したことを知り、作詞されたもので、

老いぼれトランプは知っている
彼がいかに人種的憎悪を煽り立てていることを
彼は心底から
人種差別を行っている
ここ、ビーチ・ヘブンの家族プロジェクトで

とある。第二次世界大戦からおよそ一〇年後、ニューヨークのグリニッジ・ヴィレッジでガスリーは、ジャズ・スキャット歌手アフメド・バシールによるクルアーン（コーラン）の朗誦を好むなど、日ごろ接しているアメリカのキリスト教・ユダヤ教文化以外のイスラーム世界の文化に接していた。そこには多様性を重んじるアメリカ人の良心があった。

ボブ・ディランが愛したオリエント世界

ノーベル文学賞を受賞したボブ・ディラン（一九四一年生まれ）の詞には社会正義や愛の考えが強く滲み出ている。彼はオマル・ハイヤームの無常観や飲酒の世界を多く詠む「ルバイヤート」の精神世界に心酔していた。「絶対的に愛しいマリー」の中には「Well, I got the fever down in my pockets　The Persian drunkard, he follows me（それでおれのポケットには熱がある　ペルシア人の酔っ払い　やつが付きまとう）」とハイヤームを「ペルシア人の酔っ払い」と形容している。

ディランの父方の家族はトルコ北東部のカルス出身で、母方の姓「キルギス」は中央アジアのトルコ系キルギス出身者を表し、母方の祖父母はリトアニアからアメリカに移住したが、父方の祖父母は現在ロシアとの緊張を抱えるウクライナのオデーサ（オデッサ）からユダヤ人迫害（ポグロム）を逃れて一九〇五年にアメリカにやってきた。

そういう家庭的背景を抱えるディランだから社会正義の考えをいっそう強く持っているのかもしれない。

同志社大学で、エジプトのアイン・シャムス大学のモハメド・ハワリー教授が行った講演の中で、「ヘブライ語のツェダカーは英語のチャリティ、アラビア語のサダカに相当する語であり、収入の一〇分の一を貧しい者に施すユダヤ教徒の義務のことである。ユダヤ教において社会正義は中心的位置を占めている。」と述べている。

ボブ・ディランの社会正義の考えは、ユダヤ教の正典である旧約聖書や、ともに活動していたニューヨークの左派の活動家たちに影響されたものだ。彼は、大企業が支配する経済、不平等で、軍国主義的、人種主義的な考えが横行するアメリカに反発したが、富などに頓着しないハイヤームの精神世界に自ずと魅かれるものがあったのだろう。

一壺の紅《あけ》の酒、一巻の歌さえあれば、
それにただ命をつなぐ糧さえあれば、
君とともにたとえ荒屋《あばらや》に住まおうとも、
心は王侯《スルタン》の栄華にまさるたのしさ！
（オマル・ハイヤーム「ルバイヤート」）

ボブ・ディランは二〇一〇年二月一〇日、ホワイトハウスで開かれた公民権運動を称える演奏会で「時代は変わる」を歌った。その歌詞は人種差別だけでなく、現在の多くの問題に通用するようなものだった。たとえば環境問題、軍備拡大を放置していたら、深刻で取り返しのつかない状態に陥ってしまうという警告を発している。

Come gather' round people, wherever you roam
And admit that the waters around you have grown
And accept it that soon you'll be drenched to the bone
If your time to you is worth saving

Then you better start swimmin' or you'll sink like a stone
For the times they are a-changin'

お集りの、あちこちを彷徨うアンタ方よ
辺りの水がせり上がっている事に気づきなよ。
もうじき骨まで水浸しになる、この状況を受け入れな。
命が惜しけりゃ
泳ぎ始めるんだ、さもなきゃ、石みたいに沈んじまう
時代は変わっているのだから

（訳は、https://lyriclist.mrshll129.com/bobdylan-the-times-they-are-achangin/ より。歌の動画は、https://www.youtube.com/watch?v=kFhPYw0H9mU）

ディランの「風に吹かれて」をカバーしたスティービー・ワンダーは「六〇年代のベトナム戦争。七〇年代のウォーターゲート事件。八〇年代の反アパルトヘイト。九〇年代の湾岸戦争。この歌が歌われ続けることの背景にあるものが、僕には悲しい」と語った。

ボブ・ディランの「風に吹かれて」には、

彼女が砂浜で眠るために
いったい何発砲弾をとばせばいいいんだろう?
永遠に砲弾をなくすには
答えはね、我が友よ、吹き抜ける風の中さ
そう、答えは風の中なんだ

とあり、懲りない人間社会の愚かしさが表現され、スティービー・ワンダーの発言があってもアフガン戦争、イラク戦争を経て、ロシアがウクライナに侵攻し、イスラエルがガザを大規模に攻撃した。国際的な人権団体のアムネスティ・インターナショナルはイスラエルを「アパルトヘイト国家」と断定した。

旧約聖書では、正義は神の支配の最も根本にあるものであり、神ヤハウェは正しい裁きを行うことによって、虐げられている人、貧しい人、やもめ、みなしごなど弱者を救済するとされる。こうしたユダヤ教の価値観がディランの歌にも表れているのかもしれない。

ペルシア文学の詩人ルーミー(一二〇七~七三年)もまたモンゴルの侵攻を前に故地のアフガニスタン・バルフ近郊を離れざるを得なかった。そういう意味では迫害からアメリカに移住せざるを得なかった祖先をもつディランとルーミーの二人の間には共通する家庭的背景がある。

イスラム教徒、ゾロアスター教徒、ユダヤ教徒の違いは、
依って立つ位置の違いに過ぎないことが理解できよう。——ルーミー（西田今日子訳）
（https://levha.net/rumi/1291/）

ディランは一九七八年に雑誌『ローリング・ストーン』のインタビューの中で、「私の音楽はスーフィズム（イスラーム神秘主義）から生まれたものだ」と語っている。スーフィズムは神への愛を重視し、愛によって人間を解放し、救済しようとするもので、彼の嫌った戦争やアパルトヘイトは「義」や「愛」とは無縁な世界だ。また、ディランは好きな歌手としてエジプトの歌手ウンム・クルスーム（一八九八～一九七五年）の名前を挙げている（https://www.punkhart.com/dylan/interviews/rolling_stone_1-26-78.html）。
ディランの詩作を研究するラリー・ファイフは、スーフィズムに強く傾倒していたレバノン出身の詩人ハリール・ジブラーンの詩とボブ・ディランの作品を比較、検討している。

自らを保つこと、それが生命の願望。

そこから生まれた息子や娘、それがあなたの子なのです。

あなたを通ってやって来ますが、あなたからではなく、あなたと一緒にいますが、それでいてあなたのものではないのです。

子どもに愛を注ぐがよい。でも考えは別です。

子どもには子どもの考えがあるからです。

あなたの家に子どもの体を住まわせるがよい。

でもその魂は別です。子どもの魂は明日の家に住んでいて、あなたは夢のなかにでも、そこには立ち入れないのです。


（カリール・ジブラン、佐久間彪訳『預言者』一九頁。SHIKOSHA. Kindle 版）

次は直前で紹介した部分とは異なるが、公民権運動を題材にしたボブ・ディランの「時代は変わる」からの一節で、ジブラーンの詩の訴えるところと、ディランのそれが重なることが容易にわかるようだ。

Come mothers and fathers

母さんたち、父さんたちよ
Throughout the land
国中にいる
And don't criticize
どうか否定しないでくれ
What you can't understand
自分たちが理解できないからと
Your sons and your daughters
あんた達の息子や娘は
Are beyond your command
もう思い通りにできない

（https://bob-dylan.org.uk/archives/12486）

『ローリング・ストーン』誌（二〇〇七年五月三日—一七日号）で編集者が「あなたの血には何が入っているのか」と尋ねると、ボブ・ディランは「文化全体だよ」と答えた。編集者はさらにロックンロールはどこから来たかと尋ねると、ディランは「ヒロシマだよ」と述べている。

「原爆はその後の世界全体にエネルギーを与えた」とディランは語り、「アメリカによる広島への原爆投下によって集団レベルでの無差別殺人が可能になり、戦場では誰かを銃撃したり、負傷させたりする場合、それらの光景を見なければならなかったけれども、原爆によってもうそんな必要がなくなった」と続けている。もちろん、ディランが言うのは原爆が世界全体に良いエネルギーを与えたわけではなく、その逆であることを言っている。

「原爆は（その後）社会のあらゆる側面を刺激した」とディランは語る。「それが私たちのいま演奏している音楽を生み出したことは知っているよ。初期の演奏家たちを見てみると、彼らは原爆に刺激を与えられた。ジェリー・リー・ルイス、カール・パーキンス、バディ・ホリー、エルヴィス、ジーン・ヴィンセント、エディ・コクランなどなど」。

さらに編集者がディランに原爆の文化的影響をいまだに扱っているかと尋ねると、「そう思う」とディランは答えている。

「ハフポスト」（二〇一五年八月五日付）の中で、平和活動家でノーベル平和賞にもノミネートされたことがあるジョン・ディア（John Dear）は、アメリカは広島・長崎の原爆ですべてが変わったことをボブ・ディランは思い出させてくれたと語っている。アメリカは広島や長崎で何十万人もの人々を蒸発させたことなどに向き合うことがなかったので、無感覚に、暴力的になり、集団的な狂気に屈したままになっているとディアは語っている。

また、ディアはディランの言葉は深遠であり、アメリカは戦争とそれに関連する悪を抱えてきたけれども、広島ではこの悪魔の力と地球全体を破壊する狂気を準備することにも一線を越えてしまったと述べる。「私たちは神にあなたが一五〇億年かけてつくったもの（＝地球）をわずか一五分で壊すことができる」と語ったけれども、核兵器に真摯に対応したことがない、核兵器の廃絶こそが求められているというのがディランやディアの考えだ。広島や長崎に投下された原爆は、ディランの宗教であるユダヤ教、また彼が影響を受けたイスラームの社会正義を一挙に踏みつぶしてしまうほど破壊力をもつようになったが、原爆の脅威や恐怖を乗り越えるユダヤ教やイスラームによって示された神の普遍的な愛の世界を音楽で表現したいというのがディランの作品に共通するテーマであるかのようだ。

パレスチナを公平に扱わない限り中東に平和は来ない——ジェイムズ・ボールドウィン

アメリカの作家で、公民権活動家のジェイムズ・ボールドウィン（一九二四〜八七年）は、アメリカの人種的緊張から逃れるために、一九四八年にパリに居住するようになり、処女作『山にのぼりて告げよ（Go Tell It on the Mountain）』を一九五二年に書き上げた。一九六〇年代初頭には、彼の文学、政治、市民権に関するエッセイは、様々な雑誌で紹介されるようになり、彼の主張は大きな影響力を発揮するようになった。一九六一年には自らのルーツを探求するために、セネガルなどフランスの植民地支配が行われた西アフリカ諸国を訪問したが、旧約聖書への関心からイスラエルも訪問した。西アフリカで自らのアイデンティティーを求めたボールドウィンは、祖国がなかったユダヤ人が祖先の地に創設したイスラエルに当初は好感をもったらしい。

イスラエルは、一九五〇年代終わり、新たに独立したアフリカ諸国との外交関係を積極的に構築しようとしていたが、それもアフリカにルーツをもつボールドウィンがイスラエルを肯定的に見る背景となった。イスラエルはゴルダ・メイア外相を中心に非同盟諸国に参加する意図をもっていた。周辺のアラブ諸国と敵対するイスラエルは非アラブの国々、トルコやイラン、またアフリカ諸国と良好な関係を築こうとしていた。一九六五年夏には、アメリカ・イスラエル文化財団とアメリカ国務省の共催によって、ボールドウィンの戯曲「アーメン・コーナー」の上演もイスラエルで行われた。

しかし、彼のイスラエル観は、劇的に変化することになる。それは一九六七年の第三次中東戦争でイスラエルがパレスチナ人の故地をさらに占領し、大量の難民を発生させたことと関連する。七〇年代初めには明確に自らを反シオニストと形容するようになった。欧米諸国は中東地域を操作、支配するためにイスラエル国家を創り出した。欧米の爆弾や銃を用いて三〇〇〇年ののちにここには自分たちの故地があったなどと主張する権利はないというのが、ボールドウィンの考えになった。

公民権運動の中で傑出した声を上げるようになったボールドウィンは、国民は反白人であるゆえに反セム（ユダヤ）主義だ、と白人とユダヤ人を同一視するようになった。

一九七〇年代初頭、イスラエルがアパルトヘイトの南アフリカに接近するようになると、イスラエルとアフリカ諸国の関係が悪化し、アメリカの黒人とユダヤ人の関係もいっそう良好ではなくなった。ボールドウィンにとって、ヨーロッパ白人世界の贖罪の意味で認められたイスラエル国家は、アラブ人たちに自らと同様な権利をもたせないために受け入れがたいとボールドウィンは考えた。カーター大統領がアンドリュー・ヤング国連大使をPLOの幹部たちに会ったという理由で辞任させると、ボールドウィンは憤り、カーター大統領は「最も祝福された、生まれ変わったクリスチャンだ」と皮肉を込めて形容した。

傲慢にも「中東」などという言葉をつくり出したヨーロッパがパレスチナ人を公平に扱わない限り、この地域には平和がやって来ないとボールドウィンは確信したが、公民権運動のオピニオンリーダーの対パレスチナ観は少なからぬアメリカ人にイスラエルによる歴史的不義やパレスチナ人に対する人権侵害を気づかせることになった。

モハメド・アリと平和の追求、「あらゆる宗教は同じ真理をもっている」

一九六四年二月、ビートルズは初渡米し、ボクシング世界ヘビー級チャンピオンになる直前のカシアス・クレイと共演した。白人と黒人が無邪気にじゃれ合う姿は人種差別が当たり前の社会で、新鮮な驚きを与えた。ある黒人ジャーナリストは「白人と黒人の間に共通項があることを知ることができた」と語っている（NHK「映像の世紀バタフライエフェクト　ビートルズの革命 赤の時代『のっぽのサリー』が起こした奇跡」より）。

モハメド・アリの平和への想いは、彼の生誕地にあるルイスビル大学に「モハメド・アリ平和・社会正義研究所」が創設され、平和に関する教育や研究が継続されていることでも生き続けている。この研究所はモハメド・アリの理想のように、人間の尊厳を尊重し、市民としての責任や自覚をもち、また平和や公正を実現する人材を育み、平和のための永続的で、効果的な戦略を創造することを目標とする。平和や人種差別撤廃を求めたアリの理念はこの研究所などを通じて若い世代に引き継がれるようになっている。

モハメド・アリはイスラームが平和の宗教であることを事あるごとに訴えていた。アラビア語の「イスラーム」という言葉は、アラビア語の「サラーム（平和）」という単語から派生するように、イスラームという宗教の根幹にあるのは「平和」の概念である。

イスラームは平和を意味する。「ムスリム」という言葉は神に帰依する者を意味するが、しかし、メディアはムスリムを憎悪の人間のように扱う　――モハメド・アリ

平和を意味するイスラームを信仰するようになったのは、彼が徴兵でベトナム戦争に赴く可能性があったことと無関係ではない。また、神の前の平等を説くイスラームは人種主義社会のアメリカで育ったモハメド・アリにとって自ずと魅かれる背景があった。

カシアス・クレイが「モハメド・アリ」としてイスラームに改宗するきっかけとなったのは、白人が黒人奴隷を殴り、キリストに祈りを強制することを描いた漫画だった。この漫画は、キリスト教の信仰は白人支配層によって黒人に強制されたものであることを表すものであったが、アリには強い衝撃となった。この漫画でアリは、キリスト教は自らが主体的に信仰する宗教ではないことをあらためて知ることになる。また「カシアス・クレイ」という名前も白人から強制されたものであると考えるようになった。現在の自分の宗教や名前を維持することは人種主義の文化や伝統の中で生きることではないかと思いをめぐらせていく。

このあたりの経緯はマルコムXの改名のそれと似ている。マルコムXも生まれもった彼

のファミリーネーム「リトル」は白人によって押し付けられた名前で、名前をマルコム・リトルからマルコムXに変えたが、イスラームに改宗する黒人たちは皆同様な想いであったに違いない。

一九六四年にソニー・リストンを倒してヘビー級のチャンピオンになると、改宗を公表し、「アッラーと平和を信じる。自分が何で洗礼を受け、キリスト教の信仰をもっているのか、その時は知る由もなかった」と発言している。しかし、イスラームが最上の宗教と考えていたわけでは決してなく、宗教は名称が異なっても同じ真理をもっていると、のちに主張するようになった。

モハメド・アリは、神が「モハメド・アリ」という人物について最も関心があるのは、彼が善良な人間で、真の信仰者として生活しているかどうかだと語るようになった。モハメド・アリはアメリカの内外で、困窮する人々を助け、ジェンダー、経済、また人種的な平等を説いて回った。世界の戦争や暴力の前提になるのは食べ物や医薬品の不足、また宗教の名の下に人々が不寛容になるからだと考えた。九・一一の同時多発テロについて聞かれると、イスラームの人々は寛容であるべきであり、異なる信仰をもつ人々を理解すべきだと思うと述べ、その寛容が九・一一テロの前に実現しなかったことは残念だとも語っている。

モハメド・アリは、一九七九年に引退を表明するとレバノン・ベイルートのパレスチナ難民キャンプを訪れ、「アメリカはシオニズムと帝国主義の砦である」と発言した。さらに続いて南レバノンのパレスチナ難民キャンプを訪問し、「私と、すべてのアメリカのムスリムの名においてパレスチナ人の故地を解放する闘争とシオニストの侵略者を追放する闘争を支援することを宣言する」と語った。人種間の不平等を明確にするアメリカの人種主義と、イスラーム同胞のパレスチナ人の人権を侵害するイスラエルの不正義は、ムスリムのアリには許容できるものではなかった。

アリは、一九八五年にイスラエルが占領するレバノン南部に捕らえられていたレバノン人やパレスチナ人の解放交渉のためにイスラエルを訪問した。一九八二年にイスラエルがレバノンに侵攻してレバノン情勢が悪化していた時期である。アリは七〇〇人のレバノン人やパレスチナ人の釈放を求めたが、実現しなかった。

一九八〇年にイスラームの国アフガニスタンを侵攻したソ連のモスクワ・オリンピックへの不参加を呼び掛けるためにインドを訪問すると、シオニストがアメリカと世界を支配していると述べ、ムスリムが何か間違ったことをすると、すぐイスラームという宗教のせいにするとも語った。

イスラエルやその基盤となるイデオロギーであるシオニズムを激しく批判したものの、

アリにはユダヤ教自体を非難する考えはなかった。アリの娘のハリーファは、ユダヤ人と結婚し、「ユダヤ人の中には良き生活を送る人がいる。彼らは死ねば天国に行くだろう。宗教は問題ではない。善良な人間ならば神から祝福され、ムスリムもクリスチャンもユダヤ教徒も同じ神に奉仕する。神への仕え方が異なるだけなのだ。一つの神を信じる者は誰でも家族の一員なのだ。神は我々をおつくりになり、そして我々は仲良くやっていかなければならない」と述べている。

二〇一五年一二月には、前月フランス・パリで起こり、一三〇人の犠牲者を出したムスリムの過激集団による同時多発テロを受けて、イスラームには無辜の市民を殺害するような教義はなく、過激主義でイスラームを誤解するようなことがあってはならないと説き、慈愛や平和の精神を説くイスラームの本質への理解を訴えた。イスラームの考えでは、すべての人間には生まれた時から二人の「書記天使」がついていて、その人の善行と悪行を漏れなく帳簿に記録する。この帳簿が「最後の審判の日」に各人に手渡され、神によって「決算」される。

モハメド・アリは、二〇〇五年にイスラーム神秘主義の信仰をもつようになったが、その教団を興したのは北インド生まれの神秘主義者のイナーヤト・ハーン（一八八二〜一九二七年）だった。イナーヤト・ハーンは「我々は異なる名称、異なる形態で一つの宗教に帰依している。異なる名称や形態の背景には同じ精神や真理がある」と説いた。

　イスラームは、アブラハム、モーセ、ソロモン、洗礼者ヨハネ、キリストを継承する宗教で、その教義にはモーセの十戒の影響もあり、殺人、姦淫、窃盗を禁じている。イスラームの聖典『クルアーン』の中では、「平安（平和。アラビア語でサラーム）」は重要なテーマである。「平安」とは、いうまでもなく戦いのない状態を表し、第五六章二五〜二六節には「そこでは、無益な言葉や、罪作りな話も聞くことはない。ただ「平安あれ、平安あれ」と言う（のを耳にする）だけである」とある。

　モハメド・アリの人生は、世界に宗教や人種を超えた普遍主義を確認させることになった。狭量な宗派・民族紛争、さらには欧米諸国や日本でも見られる人種・民族的偏見をも呑みこむ普遍的な慈愛を彼の人生は教えてくれた。

ブラック・ムスリムが惹かれたイスラーム神秘主義

　イスラーム人口の拡大に大きく貢献してきたのはスーフィズム（イスラーム神秘主義）の信仰だった。イスラーム神秘主義は、世事への関心を断ち、真の神を求める思想や活動から出発した。それはまた預言者ムハンマドの時代の、敬虔で清貧な生活に回帰する運動でもあり、預言者ムハンマドは粗末な「スーフ（アラビア語で羊毛）」をまとった禁欲主義者（スーフィー）であったと解釈するところからスーフィズムの名前がついた。

イスラーム神秘主義は、愛と知恵と、また神と人間が一つになれるという恍惚の境地を説く。神秘主義（スーフィー）教団によって提供される社会的結合力は、とりわけ重要であり、教団内部では他者との相互扶助、相互尊重が説かれる。神秘主義の相互扶助は特に孤児や寡婦など社会的弱者に対して顕著に表われ、信徒から集められた上納金は、義捐金として与えられてきた。

直前で紹介した北インド生まれのイスラーム神秘主義者のイナーヤト・ハーンは、ユセフ・ラティフ（一九二〇～二〇一三年）をはじめとするムスリムのジャズ・ミュージシャンたちに多大な影響を与えたが、イナーヤト・ハーンはその著作『音の神秘』の中で「すべての生命は音調とリズムを表し、宇宙はハーモニーの法則によって動く」と主張し、「我々は異なる名称、異なる形態で一つの宗教に帰依している。異なる名称や形態の背景には同じ精神や真理がある」と説いている。

イナーヤト・ハーンは、音楽が普遍的宗教を表す手段となり、音楽とその哲学がヒューマニティーの宗教になる日が来ると予言した。ヒューマニティーの宗教こそが人間社会の人種、宗教、民族的相違を乗り越えることができるというのがイナーヤト・ハーンの考えだった。

イスラーム神秘主義は一三世紀に黄金期を迎え、スペイン・ムルシアで生まれたイブン・アラビー（一一六五〜一二四〇年）、アフガニスタン・バルフ近郊出身の詩人・スーフィーであったルーミー、トルコの国民的詩人ユヌス・エムレ（一二三八〜一三二八年）などの優れた神秘主義思想家が活躍した。

私は愛の宗教を告白する。愛のラクダがどこに向おうとも、愛こそ私の宗教であり、
私の信仰である
——イブン・アラビー

すべての宗教は、同じ一つの歌を歌っている。相違は幻想と空虚に過ぎない
——ルーミー

私は争うために　この世に生を受けたのではない
愛することこそ　わが人生の使命である
——ユヌス・エムレ

愛の詩でアメリカを征服した詩人ルーミー

すでに紹介したペルシア文学のイスラーム神秘主義詩人のルーミーは、アフガニスタン

のバルフ近郊で生まれた。彼の詩は西欧やアメリカで人気があり、インド系アメリカ人の作家ディーパック・チョプラは一九九八年にルーミーの詩を著名な歌手や俳優が朗読した「愛の贈り物：ルーミーの愛の詩によって触発された音楽（A Gift of Love: Music Inspired by the Love Poems of Rumi）」というアルバムをプロデュースした。マドンナ、マーティン・シーン、デミ・ムーア、ゴールディ・ホーンなどが朗読を行った。アメリカは軍事的にアフガニスタンを占領したが、ルーミーはその愛の詩でアメリカを征服したとも言われている。彼の詩集はアメリカではベストセラーになっているが、スマホのケース、シャワー・カーテン、クリスマス・ツリーのオーナメント、玄関マットなどにも彼の詩の一節は見られる。ルーミーの思想やその人生には寛容が貫かれ、彼はすべての宗教は神と合一することを追求するものだと考えた。

現代におけるルーミーの重要性は、欧米、特にアメリカでトランプ前大統領のようなイスラーム嫌いが見られる中で彼の詩作や著作を通じてイスラーム世界の寛容な思想に触れることができ、イスラームが決して暴力的なイデオロギーでないことを知り、確認することができる。

ルーミーのペルシア名はジャラール・アッディーン・ムハンマド・バルヒー。最後の「バルヒー」は生まれ故郷のバルフにちなむ。ペルシア語文学史上最大の神秘主義詩人と言われている。一二一五年から二〇年のモンゴルの侵入によってルーミーは、父バハヌッディーン・ワラドなど家族とともに、バグダードに逃れ、それからダマスカス、カラマン（トルコ南中部）、そして一二二八年にコンヤに行き着いた。バルフは戦乱のために破壊され、二度と戻れない状態になってしまった。つまり、ボブ・ディランのところで述べたように、ルーミーはいまでいう難民だったのだ。

「ルーミー」という名前は新たに住み着いた土地のコンヤがかつて神聖ローマ（Rum）帝国の支配地だったところからつけられた。コンヤを中心に、ルーミーが開祖の踊るスーフィー教団（旋舞教団）として知られるメヴレヴィー教団が形成されていった。

「ただひとつの息がある」
わたしはキリスト教徒ではない
ユダヤ教徒ではない
いいえ イスラーム教徒でもない
わたしはヒンズー教徒ではない
スーフィーではない　禅の修行者ではない

いいえ　どんな宗教にもどんな文化にも属していない
（中略）
わたしは
愛している
あの人のなかにいます

ふたつにみえて世界はひとつ
そのはじまりもその終りもその外側もその内側もただひとつにつながる
そのひとつの息が人間に息《いのち》を吹き込んでいます
（エハン・デラヴィ・西元啓子〈編集〉、愛知ソニア〈翻訳〉、あらかみさんぞう・重城通子〈詩訳〉『スーフィーの賢者ルーミー――〝その友〟に出会う旅』ヴォイス、二〇一〇年より）

二〇一九年一二月、カブール市内に、同月に凶弾に倒れた中村哲医師の業績を称える壁画が描かれたが、そこには中村医師の肖像画とともに、「この土地で、この土地で、この清らかな耕地で私は愛と思いやりを育む種子のみを植える」というルーミーのペルシア語の詩が添えられていた。アフガニスタンの大地に愛の種子を蒔き続けた中村医師にはふさわしい詩だった。

中村医師を称える詩のように、ルーミーの詩作には、愛や思いやりにあふれたものが多く、アメリカではジョージア大学教授のコールマン・バークス（一九三七年生まれ）の訳で広く社会に浸透した。

アメリカの詩人で哲学者のラルフ・ワルド・エマーソン（一八〇三〜八二年）は、ルーミーやサーディー（一二一〇頃〜九二年頃）などペルシア文学の詩人に影響されたと言われ、彼もまた愛をテーマにする詩を残している。

人を愛しなさい。そうすればあなたも愛されるのです。愛というものは、方程式の両辺のように、つり合っているのですから。

——エマーソン

アメリカの俳優ブラッド・ピットの右腕にはルーミーの詩の一節がタトゥーとして彫られている。それはコールマン・バークスの英訳で「There exists a field, beyond all notions of right and wrong. I will meet you there.（正しさと誤りの概念を超えたところに野原がある。そこで君と会うだろう）」というものだ。つまり、人間は互いの相違を乗り越えて寛容にならなければならないということを意味している。タトゥーはアンジェリーナ・ジョリーとの婚姻前に入れられたもので、ブラッド・ピットの結婚に対する決意の表明だったとか、「社会正義」の概念とのピットの関わりを表すとかの解釈がある。

人助けや奉仕の心は、惜しむことなく、流れる川のように……
情け深さと優しさは、太陽のように……
（中略）
慎み深さは、大地のように……
寛大な心は、海のように……

——ルーミー（https://plaza.rakuten.co.jp/vijay/17000/）

バークスは宗教を背景にする暴力を解決するのに、愛と寛容を説くルーミーの詩ほど求められるものはないと考えている。
アフガニスタンではタリバンが政治を掌握したが、アフガニスタンのスーフィー教団に平和的役割への期待がかけられている。スーフィー教団は寛容や多様性などを重んじるが、アフガニスタンでは米軍の駐留に反対し、タリバンを支持してきた。世界的にもルーミーのように愛や慈愛で知られるスーフィー教団がアフガン政治の表舞台に立つようになれば、タリバン主導の体制でも国際的な認知は容易になるに違いない。

「トルコ・ラジオ・テレビ協会（ＴＲＴ）」が制作したドラマ「復活：エルトゥールル」は、英語やウルドゥー語、アラビア語などに訳され、特に中東イスラーム世界では、主人公エルトゥールルの勇猛さや高潔な生き方が共感を生むようになり熱狂的人気を集めたが、そのドラマが終わり、現在はルーミーの生涯を描くドラマが放映されている。ルーミーの愛と寛容が中東イスラーム世界を席巻し、紛争が続くシリア、イエメン、リビア、ニジェールなど西アフリカに肯定的な影響を及ぼすことがあるかもしれない。また、もちろん、白人至上主義や、銃器、戦争などの問題を抱えるアメリカにいっそう浸透すれば、社会的矛盾の改善を導く可能性もある。

ルーミーが生涯を通じて探求したイスラーム神秘主義は、修行の階段を昇ることによって、人間と神が一体となることを目指すものだ。ある武将がルーミーらイスラーム神秘主義者は精神性とか、奇跡とか、想像上の事象にしか自らを捧げていないと批判すると、ルーミーは武将たちが国と国との間の大規模な戦争で国境をめぐって死や流血を広めているが、領土を画定する国境ほど架空なものはなく、それに対してイスラーム神秘主義が求める精神世界は誰も殺すことはないと反論した、というエピソードがある。

『神秘と詩の思想家メヴラーナ』（丸善プラネット、二〇〇六年）では以下のようなルーミーの言葉が紹介され、対立を乗り越える人間の普遍的な知恵を教えている。


「怒りを鎮めること」

敵を粉砕し支配する者のみが王者ではない。

自己を制し支配する者こそ真の王者である。

「傷口こそが、光があなたの中に入る入り口である」

——ルーミー

第三章　変わりつつあるアメリカの対イスラーム観

冷戦終結後に根強く形成されたイスラームの脅威

アメリカのイスラーム観は、二〇〇一年の同時多発テロや、さらにそれから遡る一九七九年の極端に反米的なイラン・イスラーム革命、一九八三年にレバノン・ベイルートで発生した米海兵隊兵舎に対する自爆テロ、一九九八年のケニアとタンザニアの米大使館同時多発テロなどで曇っていった。イラン革命では、イランの学生たちがテヘランのアメリカ大使館を占拠して、職員らは四四四日間も拘束されたが、それにイラン革命の指導者であるホメイニ師は支持を与え、カーター政権によって一九八〇年四月に「イーグル・クロウ」という人質救出作戦が行われたが、砂漠で救出に向かった米軍機が衝突し、八人が死亡するなど失敗に終わった。事件は、カーター政権の威信を大きく傷つけたことによって反米的な主張を持つイラン人たち、特に宗教政治勢力にある種の自信を植え付け、彼らの権力を強化することにもなった。

マーク・ボウデンは、その著書『ホメイニ師の賓客』（伏見威蕃訳、早川書房、二〇〇七年）の中で、「多くのアメリカ人にとって、イラン人質危機はイスラーム・ファシズムとの最初の遭遇であった」と書いているが、「イスラーム・ファシズム」という用語を含めてその発言はイスラームやイランに対する一部のアメリカ人の典型的な偏見や差別意識を表しているかのようだった。

一九九〇年代のイスラーム過激派の反米テロは、ひとつの動機として、湾岸戦争においてアメリカのハイテク兵器の威力を見せつけられたことがある。イスラーム世界を、圧倒的な軍事力で「侵食」するアメリカに対しては「テロ」しか手段がないと過激派は考えるようになった。

過激派のテロはアメリカの軍産複合体にとっては都合のよいものだった。冷戦時代、アメリカの敵はソ連だったが、ソ連邦が解体すると、アメリカの敵はイスラームということになり、特にその過激派集団に対する攻撃は九・一一後の「対テロ戦争」となって現れ、アメリカ国防総省が武器を購入、備蓄する背景ともなっていった。

九・一一の同時多発テロによってイスラーム過激派はテロによる宣伝効果をますます意識するようになる。イスラーム過激派には同じ標的を執拗にねらう傾向があり、一九九三年に爆破され、二〇〇一年九月一一日に再びテロのターゲットになった世界貿易センタービルは、一九九三年の事件では、首謀者としてエジプトの聖職者であるウマル・アブドゥル・ラフマーンが逮捕された。ラフマーンの裁判では、アメリカを活動の舞台としていたイスラーム過激派が、ニューヨークのマンハッタン島とニュージャージー州を結ぶ海底トンネルを爆破、水没させることで大勢の犠牲者を出し、またニューヨークの経済機能をマヒさせることを考えていた。同時に、このイスラーム過激派は国連ビルを爆破する計画ももっていた。

イスラーム過激派には長い時間をかけてテロ計画を周到に練る傾向があり、一九九八年にケニアとタンザニアのアメリカ大使館が爆破された事件でも、過激派は四年余りの歳月をかけて、爆破目標に関する情報を集めていた。

一九九三年のニューヨーク世界貿易センター爆破事件に関係したとして逮捕されたパキスタン人のラムズィ・ユーセフは、九五年にパキスタンで逮捕され、九八年にアメリカで終身刑の判決を受けた。彼は、九五年にアメリカの複数の旅客機を太平洋上で同時に爆破する計画をフィリピンで立てていたといわれる。この計画が旅客機をテロの手段とした同時多発テロ事件のシナリオを提供するものだった。

イスラーム過激派は敵に確実に損害を与えることができる「自爆テロ」の形態を、今後もとり続ける可能性がある。一九八三年にレバノン・ベイルートの米軍兵舎がシーア派武装集団による自爆攻撃で爆破され、二四一人の犠牲者を出し、米軍がレバノンから撤退したのを教訓に、「強大な敵」をイスラーム世界から駆逐できる有効な手段として「殉教」である自爆が考えられるようになった。

自爆攻撃はイスラーム過激派独特の宗教観に基づいて実行されている。イスラームの死生観では、人間は何度も生まれ変わり、この世に生を受けている間に善行を積めば、ムスリムは最後の審判の日に神によって天国に召される。今ある人生は、何度も与えられる「生」のうちの一つで、たとえ一回の人生が終わっても次の人生が待っている。「神の敵」に対する殉教は「最高の徳」で、天国に迎えられる判断基準とイスラーム過激派からは見なされている。

イスラーム過激派は、同時多発テロ事件に見られたように、「神の敵」にできるだけ多くの犠牲や損害をもたらすことを考え、その手段をエスカレートさせることも考えられる。九・一一事件後はアメリカ社会では愛国的な風潮が強まり、家々の窓から星条旗を垂らすようにもなった。ブッシュ大統領などアメリカ政府高官たちも星条旗のバッジをスーツの襟に付けるようになった。さながら、一九八〇年代や九〇年代にイランで見かけた北朝鮮の金日成バッジのように愛国心を煽るものだった。

カーター元大統領が訴えたイスラエルの「アパルトヘイト」

ジミー・カーター元大統領は『カーター、パレスチナを語る――アパルトヘイトではなく平和を』（北丸雄二・中野真紀子訳、晶文社、二〇〇八年）と題する本を著し、アメリカ国内の親イスラエル・ロビーから激しい反発を招いた。カーターはイスラエルにアパルトヘイトがあると認め、訴えたアメリカの最初で唯一の大統領経験者で、イスラエルの占領地における入植地の拡大が中東地域の安定や平和にとって重大な障害であると説いた。「ミドルイースト・モニター」(二〇二三年二月二〇日付)でジャーナリストのイヴォンヌ・リドリーはカーターのことを平和と高潔の人として、またパレスチナ人の真の友人として永遠に思い起こされるだろうと述べている。リドリーはまた世界の指導者たちが南アフリカの反アパルトヘイト運動の指導者ネルソン・マンデラの葬儀に参列しながらマンデラの「パレスチナ人の自由なしにわれわれの「自由」も不完全だ」という発言を認めようとしない偽善を指摘している。

南アフリカでは、アフリカ人の土地所有権をわずかな不毛の地「保護区(Reserve)」に限り、ここから流出するアフリカ人を無権利な外国人扱いとして、氏名、部族等を明記し、雇用者のサインで有効となる「パス(身分証)」によってコントロールしていった。パスを携帯しないだけで犯罪となり、アフリカ人たちは社会生活では住宅地から公共施設まで分離されるようになり、反アパルトヘイトの活動家たちには恣意的な逮捕や拷問までも行われた。他方、イスラエルは二〇〇七年からガザを経済封鎖し、パレスチナ人の政治犯を逮捕、またヨルダン川西岸の水資源の八五%を支配している(アルジャジーラによる数字)。

イスラエルは占領地であるヨルダン川西岸と東エルサレムに七〇万人のユダヤ人たちを住まわせ、彼らは厚くて、高い分離壁によって護られて暮らしている。ヨルダン川西岸には三二〇万人のパレスチナ人が居住するが、イスラエルはパレスチナ国家を認めず、彼らに「国籍」を与えていない。ヨルダン川西岸におけるパレスチナ人の移動はかつての南アフリカのように、「パス」によって制限される。パレスチナ人たちには基本的な人権も、労働の自由も、組合運動、教育の保障、言論の自由も与えられていない。まさにかつての南アフリカのアパルトヘイト政策で、国際社会の声が南アフリカのアパルトヘイト撤廃に力をもったように、パレスチナのアパルトヘイトにも同様な声を上げていくことが求められている。

国際的人権団体である「アムネスティ・インターナショナル」、「ヒューマン・ライツ・ウォッチ」はイスラエルを「アパルトヘイト国家」と形容している。

二〇一八年七月、イスラエル国会は、同国が「ユダヤ人の民族的郷土」であり、ユダヤ人の言語であるヘブライ語が国語であると規定し、東西エルサレムをイスラエルの首都とする法案を可決した。イスラエル国内には二〇％のアラブ系市民がおり、ヘブライ語を国語としたことは、イスラエルが公式にアラブ人を「二級市民」とするアパルトヘイト国家になったことを明らかにした。それはあたかもアメリカが白人のクリスチャン国家であることを宣言し、アフリカ系やヒスパニック系の人々を排除して、英語を唯一の公式言語とするようなものだった。

かつてイスラエルを構成するユダヤ人たちはヨーロッパ・キリスト教世界で「二級市民」として扱われていたが、同じ「人道上の罪」をアラブ人に対して行っている。二〇〇二年に発効した「国際刑事裁判所ローマ規程」ではアパルトヘイトを「人道に対する罪」と規定している。

イスラエルの「ハアレッツ」紙が二〇一二年一〇月にイスラエル人五〇〇人余りに行った世論調査によれば、回答した三分の二以上のイスラエルのユダヤ人が、ヨルダン川西岸がイスラエルに併合された場合、パレスチナ人には選挙で投票する権利を否定すべきであると回答した。

また、四分の三がイスラエル人とパレスチナ人の道路を分けるべきだと考え、五八％がパレスチナ人に対するアパルトヘイトがすでに存在するとしている。さらに三分の一がイスラエル国内にいるパレスチナ人の投票権が取り消されるべきであると答えた。また、およそ四割がパレスチナ人と職場や学校を共有したくないと回答している。正統派のユダヤ人たちの七〇％はパレスチナ人が投票することを禁じるべきだと考え、九五％がパレスチナ人に対する差別を正当化した。この世論調査はイスラエル国民の間でアパルトヘイトを肯定する感情や、パレスチナ人に対する蔑視観が根強く定着していることを明白に示すものだった。

アメリカの中東研究者たちはイスラエルへのBDSに賛成する

アメリカ社会ではイスラエルの占領の不当性に対する認識が次第に深まり、イスラエルへのBDS（Boycott, Divestment, and Sanctions。ボイコット、投資撤収、制裁）運動が広がりつつある。それがイスラエルによる入植地拡大の停止、占領の放棄、パレスチナ国家創設、パレスチナとの共存の実現、パレスチナ人の人権の回復につながることを望む人が増えている。

イスラエルへのアカデミック・文化ボイコットは特に北米で発展・深化するようになった。北米で最大の中東を研究する団体である「北米中東学会（Middle East Studies Association of North America、MESA）は、二〇二二年一月三一日から三月二二日の期間にイスラエルへのBDS運動への支持を問う投票を行い、七六八：一六七と圧倒的多数の賛成票で、つまり八〇％の会員が支持することで、同年三月二三日にMESAが団体としてBDS運動を支持することを決定したと表明した。このMESAの決定したところは大きい。たいていのアメリカやカナダの大学や研究機関の中東研究者はMESAに所属し、筆者も学生時代に会員となったが、イスラエル最大の後ろ盾のアメリカ政府は国内最大の中東学会からの圧力を感じざるをえないことだろう。

投票結果を受けてMESAのイーヴ・トラウト・パウエル会長もMESAが教育やその他の人権違反を経験しているパレスチナの研究者や学生たちからの呼びかけに応じることになったと述べた。これでイスラエルの研究機関はMESAの大会などに参加することが不可能になり、イスラエルの研究者たちもイスラエル政府の不当性やパレスチナ人研究者の学問の自由や独立をあらためて認識することになったに違いない。

アメリカのロックバンドのビッグ・シーフ（Big Thief）がイスラエル・テルアビブで二〇二二年七月六日と、七日に予定されていた二回の公演をキャンセルした。バンドは声明を発表し、イスラエルによるパレスチナへの不当な占領、パレスチナ人に対する弾圧に反対し、パレスチナ人の完全な自由と民族自決を支持すると述べた。

当初、ビッグ・シーフはテルアビブがベース担当のマックス・オリアチクの故郷であることを理由にコンサート開催の正当性を主張し、公演の収益をパレスチナ人の子どもたちの医療や人道支援に用いるとしていた。

しかし、パレスチナ人の中にはイスラエルの占領によって故地への帰還がかなわない人々がいるなどの批判が、ビッグ・シーフに寄せられた。バンドは中止を表明した後に当初の姿勢や考えがナイーブであり、イスラエルへのBDS運動の文化的側面を理解せず、イスラエルの占領に触れることがなかったことを認めた。

ビッグ・シーフのキャンセルは「イスラエルに対するアカデミック・文化ボイコットのパレスチナ・キャンペーン The Palestinian Campaign for the Academic and Cultural Boycott of Israel（PACBI）」などの団体によって歓迎された。PACBIは、ビッグ・シーフの勇気と抑圧されたものの声を聴こうとする姿勢を評価すると述べた。ビッグ・シーフの公演のキャンセルはBDS運動の定着が一歩前進したことを示すものだった。

リチャード・ギアが見た共存の街ヘブロン

アメリカ・ハリウッドの俳優リチャード・ギアは、映画『嘘はフィクサーのはじまり（Norman: The Moderate Rise and Tragic Fall of a New York Fixer）』（二〇一六年）のプロモートで、二〇一七年三月にヨルダン川西岸ヘブロンの街を訪れた。

ギアはヘブロンのパレスチナ人の様子を見て、「まったく奇妙だ。これは死の街だ。誰がこの町を所有しているんだろう？　彼ら（入植者たち）は「自分は守られている」という感覚だ。（入植者たちは）「自分がやろうと思えば何でもできる」（と思っている）、それは（彼らにとって）「どこが境界か？」という感覚だ。ちょうどアメリカの「古い南部」と同じだ。黒人はどこに行けるのか知っていた。あの井戸の水は飲めた、あそこには行けない、あそこでは食べてはいけないなどはよくわかっていた。(黒人たちは)頭を殴られたり、リンチに遭ったりするのが嫌だったら一線を越えることができなかった」などと述べた。

ギアは「占領はすべての人を壊している。占領はまったく擁護できない。入植は、まったく馬鹿げた挑発で、国際的感覚で言えば完全に不当だ。和平プロセスを求めるものにはなっていない」などと語った。他方で、「あらゆる側の暴力を私は否定する。もちろん、イスラエルは安全を感じるべきであり、しかしパレスチナ人も絶望してはならない」と発言した。

リチャード・ギアは、イスラエルの極右入植者たちや彼らを守るイスラエル兵の暴力にさらされ、隔離状態に置かれたヨルダン川西岸ヘブロンのパレスチナ人たちをジム・クロウ法時代のアメリカの黒人と同様だと語った。

リチャード・ギアとヘブロンに同行した女性は、ここには八〇〇人の入植者を守るために、六〇〇人のイスラエル兵がいると、イスラエル国家の「異常ぶり」を説明している。守られているのは、ユダヤ教原理主義のイデオロギーによって動機づけられた暴力をふるう極右入植者たちで、暴力を受ける側のパレスチナ人たちではない。

入植者たちの間で台頭するのは「ヒルトップ・ユース」と英語で呼ばれる過激なイデオ

ロギーで「パレスチナ人は聖地をレイプしている。彼らは追放しなければならない」というものだ（ウィキペディアより）。

ギアが述べるように、ヘブロンのパレスチナ人たちは日々恐怖の中で生活し、入植者たちを刺激しない配慮を強いられながら生活している。イスラエルはヘブロンのパレスチナ人居住地の中に入植地をつくり、こうした入植地はパレスチナ人たちの移動の障害にもなり、ヘブロンの街を次第に侵食していくかのようだ。二〇二一年六月一八日にも、イスラエル軍はヘブロンの南に位置するジャワヤーの村の八つの家屋の破壊を命じた。

ヘブロンの町はアラビア語名「アル・ハリール（アブラハム）」、正式には「アル・ハリール・アル・ラフマーン（慈愛深きアブラハム）」という。イスラームではメッカ、メディナ、エルサレムに次ぐ四番目の聖地だ。ヘブロンは預言者ムハンマドがエルサレムから昇天する際に立ち寄ったとこ

ヘブロンのイスラエル兵士たち（2015年。ウィキメディア・コモンズ）

ろと考えられ、ムスリムの巡礼の地でもある。

ヘブロンはエルサレムの南三二キロほどにあり、ハリール山地の温暖な気候でブドウなど果樹の栽培に適して、ワイン造りも行われてきた。

ヘブロンはこの地域では最古の町の一つであり、「ヘブロン」はヘブライ語の名称で、その意味は「神の盟友（ハヴェル）」という意味だ。ユダヤ教でもエルサレム、ティベリウス、ゼファトと並んで四つの聖地の一つとして数えられている。アブラハムはユダヤ人の祖であり、イスラームでも一神教を創始した預言者の一人とされる。

ヘブロンには「マクペラの洞窟」があり、アブラハムと、イサク、ヤコブ、アブラハムの三人の妻たちサラ、レベッカとレアの墓があり、ユダヤ教の伝承ではアダムとイヴもヘブロンに埋葬された。イスラームでは「アブラハム（イブラーヒーム）のモスク」として改修され、ムスリムに貴重な礼拝の場を提供してきた。

ヘブロンは一〇九九年に十字軍の支配を受けるようになったが、ムスリムでクルド人の名将サラディンがユダヤ人の支援を受けながら、一一八七年に奪還した。オスマン帝国の支配は一五世紀後半に始まったが、ユダヤ教徒たちには信仰活動の自由を保障し、「ユダヤ教徒のシェイク」という自治区の長を設け、彼らのコミュニティーに政府が干渉することはなかった。

その共存関係が崩れるのは、言うまでもなく、シオニズムのイデオロギーによってヨーロッパなどからシオニストたちが移住してからのことである。イスラエルの独立と第一次中東戦争によって一九四八年末からヨルダンの支配下に置かれ、一九六七年の第三次中東戦争からイスラエルの占領が続き、イスラエルの入植地が拡大している。

一九九四年二月、極右の人種主義者のバルーチ・ゴールドスタインという医師が、ヘブロンの「マクペラの洞窟」で、礼拝中に自動小銃を撃ちまくり、二九人のパレスチナ人を殺害し、最後は自殺して果てたこともあった。

過激なイスラエル人入植者がパレスチナ人を圧迫、差別するアパルトヘイトの状態を国際社会が座視したままだと、ヘブロンの町は、リチャード・ギアが見たようにパレスチナ人たちが極度の差別を受けたまま、やがてイスラエルに乗っ取られてしまう可能性が高いと言わざるをえない。

イスラエルのアパルトヘイトを非難するイェール大学の学生たち

アメリカ・イェール大学図書館には「イベリア半島（スペイン・ポルトガル）のイスラーム、キリスト教、ユダヤ教の共存（La Convivencia）」を研究する学生たちが参考にするウェブ上のコーナーが設けられている。特に欧米の学界では「La Convivencia（ラ・コンヴィヴェンスィア）」はイスラーム・スペイン統治下におけるイスラーム、キリスト教、ユダヤ教の共存システムのことを指すようになった。イスラーム世界ではＩＳなどの活動に見られたムスリムの過激派による暴力がある一方で、欧米ではイスラーム嫌い（イスラームフォビア）の傾向が強まり、ムスリム移民の排斥を訴える極右勢力が台頭し、アメリカではトランプ政権がイスラーム系諸国からの移民を禁じた。このように「文明間の衝突」構造が強まる中で、「La Convivencia」は特に関心がもたれるようになり、日本の中東イスラーム分野の研究者たちも文科省科学研究費で「イスラーム的コネクティビティにみる信頼構築——世界の分断をのりこえる戦略知の創造」というプロジェクトを立ち上げた。

イェール大学の「La Convivencia」コーナーで紹介されているマリア・ロサ・メノカル（María Rosa Menocal 一九五三〜二〇一二年）の The Ornament of the World: How Muslims, Jews, and Christians Created a Culture of Tolerance in Medieval Spain,（二〇〇二年。『寛容の文化——ムスリム、ユダヤ人、キリスト教徒の中世スペイン』足立孝訳、名古屋大学出版会、二〇〇五年）で、著者のメノカルは、「わたしが顕微鏡を覗きこむみたいにして見がちだった世界、中世スペインの多宗教・多言語世界が、わたしたちの時代にこそ、もっとも広く知らしめられるにふさわしいのではないか」と書いている。「深くアラブ化したユダヤ人たちがヘブライ語を再発見、創り直し、クリスチャンも哲学などの学問活動から建築まであらゆるアラブ様式を受容していた」（邦訳より）とも述べている。メノカルはそうした問題意識を自分が教えていたイェール大学の学生たちとの議論や彼らの協力との中で深めていったと語った。

メノカルの業績を生んだイェール大学の学生たちには不寛容な行いを認めない精神的伝統があるのかもしれない。この大学はまた一九八〇年代には南アフリカの反アパルトヘイト運動の拠点の一つだった。

二〇二一年六月二七日、イェール大学の学部学生の自治会は、イスラエルの「虐殺」「民族浄化」「アパルトヘイト」を非難する声明を採択した。賛成は八票、反対三票、棄権四だった。イェール大学の自治会の声明には、差別的な法をパレスチナ人に適用することや東エルサレムのシェイク・ジャッラからの立ち退き命令をまったく容認できないとあった。また、イスラエル国内においてユダヤ人と非ユダヤ人を明確に分け隔てる政策を、一九五〇年代、六〇年代のアメリカの公民権運動が廃止を求めた制度になぞらえてもいる。

イェール大学の親イスラエルのグループはこの声明を「反ユダヤ主義」と批判したが、繰り返すが、イスラエルの政策を批判することはユダヤ人そのものを否定する「反ユダヤ主義」とは直結しない。イェール大学のユダヤ人学生たちの中にも二〇二一年五月のイスラエルのガザ空爆を非難する動きがあった。学生の声明はユダヤ教の教えは本来、反人種主義、反シオニストであり、ユダヤ性やユダヤの歴史が、パレスチナ人に対するポグロム（ロシアなどで行われたユダヤ人に対する集団的暴力）、民族浄化、虐殺に利用されることは決して許されないと述べている。

アメリカのユダヤ教のヒューマニズムはイスラームを敬う

二〇一八年一一月のアメリカの中間選挙の直前や当日にユダヤ人に対してハト派のユダヤ系アメリカ人ロビー「Jストリート」が行った世論調査では、多くのユダヤ人がトランプ前大統領の「アメリカを再び偉大にする」というナショナリズムに懸念をもっていることが判明した。トランプの白人至上主義によってユダヤ人差別や迫害が進むことを懸念したのだ。

ユダヤ人が白人至上主義の攻撃対象であるのは、ドイツのナチズムで六〇〇万人とも言われるユダヤ人が大量虐殺の犠牲になったことにも顕著に見られた。

世論調査に回答したユダヤ人たちの選挙投票の登録率は一〇〇％、アメリカのユダヤ社会の政治意識の高さを表している。トランプが訴える白人至上主義がマイノリティーたちを脅かし、「社会正義」の考えと逆行したことも、共和党の「赤い波（共和党のシンボルカラーが席巻する状況）」が起きなかった一つの大きな要因となった。

二〇一六年に民主党の大統領候補指名を競ったバーニー・サンダース上院議員は、「Jストリート」で二〇一八年四月一四日に演説を行い、イスラエルがガザでのパレスチナ人のデモに過剰反応していると批判した。「Jストリート」はイスラエル・パレスチナの二国家共存で中東和平を実現しようとする団体である。サンダース議員は、かりにハマス（パレスチナのイスラーム組織。二〇〇七年からガザ地区を実効支配している）が暴力に訴えたとしても、無防備なパレスチナ人たちを銃撃したり、二〇〇万人のパレスチナ人たちをガザに閉じ込めたりすることは正当化されないと述べた。サンダース議員は、「反動的（re-actionary）ネタニヤフ首相」などの表現を使い、イスラエルのガザ住民への扱いを「非人道的」とも形容した。

また、サウジアラビアのムハンマド皇太子や他の中東地域における億万長者たちが、ガザの貧困や困難を単に口にするだけでなく、実際にガザの人々に対して意義のある行動を起こすように訴えた。ムハンマド皇太子はUNRWA（国連パレスチナ難民救済事業機関）に五〇〇〇万ドルを寄付することを明らかにしたものの、それは皇太子が購入したヨットの価格の一〇%に過ぎないともサンダースは語った。

サンダース議員はイスラエル・パレスチナの二国家共存がアメリカ、イスラエル、さらに中東地域の人々にとっての利益であり、イスラエルが占領を終わらせるようにとも訴えた。トランプ大統領がアメリカ大使館をエルサレムに移転させる方針は、和平プロセスを損なうものであり、誠実で、公平な仲介者としてのアメリカへの信頼を奪うものだと断定した。サンダースは世界の不寛容な潮流が民主主義の根幹を揺るがしていることに懸念を示し、トランプ大統領やその他の世界の指導者たちが自らの政治的・経済的目的のために、人々の間のフラストレーションを開拓していることを指摘した。

「ニューヨークタイムズ」の二〇一八年八月一八日付の記事で世論調査の結果、七七%のイスラエル人はトランプ大統領（当時）によるアメリカ・イスラエル関係を支持し、他方、アメリカのユダヤ人は三四%しか支持せず、五七%が反対だった。ヨルダン川西岸地区のイスラエルの入植地拡大やイランの核合意からの離脱などの政治問題、またイスラエル国内の非ユダヤ人への差別、イスラエルで市民法や女性の権利に対して正統派ラビの保守的な見解が強い影響力をもつことなどが、アメリカのユダヤ人たちを不快な想いにさせている。また、アメリカではZ世代がリベラル化しているが、イスラエルではその逆になっている。

二〇二一年五月一八日、バイデン大統領は彼の目玉の一つである環境改善政策の一環として新しい電気自動車を宣伝するために、フォード社のルージュリバー工場（ミシガン州ディアボーン）を訪問した。デトロイトの空港でバイデン大統領を迎えたラシダ・タリーブ下院議員（パレスチナ系、ミシガン州一三区選出）は、パレスチナ人の命を守るためにより多くのことを行うように大統領に求め、イスラエルに対する武器売却に疑問の言葉を述べた。

この日、ディアボーンでは、イスラエルのガザ攻撃に抗議するデモが行われたが、デモに参加した「ユダヤ平和の声（Jewish Voice for Peace）」のオーガナイザーであるリューベン・テルシュキンは、現在は信仰や文化を超えて人道問題に取り組む時だと述べ、アメリカではますます多くのユダヤ人たちがイスラエルによるアパルトヘイトの廃絶と、バイデン大統領によるそれへの財政支援の停止を求めていると語った。「ユダヤ平和の声」は、すべての人々の正義、平等、自由を求めることによって動機づけられるために、これらの価値と相容れないシオニズムに反対する活動を行う全米のユダヤ人組織だ。

ナタリー・ポートマンの反発と、「極右」思想に行きついたシオニズムの悲劇

二〇一八年四月、ハリウッド女優のナタリー・ポートマンは、ヒューマニティーに貢献したユダヤ人に贈られるイスラエルのジェネシス賞の受賞を辞退した。賞はポートマンが女性の権利擁護について活動したことに対する評価で、授賞式は同年六月に行われる予定だった。

ポートマンの代理人は、彼女が当時イスラエルで発生している事件に困惑し、イスラエルの公式行事に出席することに心苦しさを感じていると述べた。つまり、イスラエルに赴いて賞を受賞することは、彼女の良心が許さないということだった。

ポートマンが反発したのは、イスラエル軍がガザ・イスラエル境界におけるパレスチナ人の帰還を求めるデモに対して発砲し、非武装のパレスチナ人が犠牲になったことで、彼女の抗議の意思が込められていた。しかも、その後もイスラエル軍によるパレスチナ人に対する発砲は続き、二〇二二年は一〇月末の時点で一八三人のパレスチナ人がイスラエル軍の銃撃によって亡くなっていた。同年八月にはミシェル・バチェレ国連人権高等弁務官が、子どもを含む多数のパレスチナ人が殺害されたことに警鐘を鳴らしたほどだった。

ポートマンはユダヤ人で、三歳の時にイスラエルを離れ、アメリカに移住した。アメリカのユダヤ人にはリベラルな発想をする人が多いが、現在のイスラエルでは正反対になっている。ポートマンの初映画監督作品『愛と暗黒の物語（A Tale of Love and Darkness）』（日本公開は二〇二一年）はイスラエル国家が成立した一九四八年から四九年にかけての第一次中東戦争前後のイスラエルの作家アモス・オズ（一九三九〜二〇一八年）の自伝を原作にするものだ。アモス・オズは、イスラエルとパレスチナの二国家共存による和平の進展を訴えて続けていたが、映画監督としてのポートマンも同様のモチーフや主張をもっている。

オズは、原作の中でイスラエル、パレスチナともに、イギリスから抑圧や屈辱を受け、アラブの土地は植民地化され、支配され、パレスチナでイギリスの委任統治当局によって殺害されたユダヤ人たちもいることを描く。

オズは、共通の「抑圧者」という「親（＝イギリス）」をもちながらも、イスラエルとパレスチナは信頼し合うことができず、イギリスに対してかつてもった不信や反発の目を相互にもち合うようになったと述べる。そうした両者の憎悪や敵対を乗り越え、共存していくことを彼は望んでいた。

ナタリー・ポートマンはイスラエルのネタニヤフ首相の対パレスチナ政策を批判し続けている。ネタニヤフ首相が再選された時は失望と怒りを禁じえないと語り、ネタニヤフ首相の人種的発言にはぞっとするとも語っている。ポートマンは、ナチス・ドイツによる大虐殺「ホロコースト」についてそれを思い起こし、犠牲者に対する敬意を払うことは重要だが、「憎悪」はいつの時代にも存在し、ヘイトを受ける人々にも感情移入する必要があり、「我々は犠牲者だ」という感情をパラノイア的に訴え続けるべきではないと主張している。

イスラエルの若い世代がタカ派、あるいは極右勢力を支持するのは、彼らが第二次インティファーダを経て、二〇〇五年のイスラエルのガザ撤退を見たからという見解がある。第二次インティファーダでは、二〇〇二年前後にパレスチナ人による自爆テロが多発し、またイスラエルが〇五年にガザから撤退すると、イスラエルが支配する領土のいかなる譲歩もすべきではないという考えに影響された。さらに、イスラエルの若い世代はイスラエルとパレスチナの和平を進めようとした一九九三年のオスロ合意の共存の精神を知らず、軍務を経た後に容易に右翼思想に染まっていった。

イスラエルでは一八歳から三四歳までの年齢の三分の二が自らを右翼と考えている。そして、二〇二二年一一月一日の総選挙で躍進した極右勢力「宗教的シオニズム」の思想がイスラエル政治の主流となりつつある。「宗教的シオニズム」には、イスラエルのアラブ系住民をイスラエルから追放するという主張があるが、イスラエルの四八％の国民がその考えを支持している。その背景にはアラブ系住民の出生率の多さが、やがて「イスラエルはユダヤ人国家であるというシオニズムの性格を変えてしまう」という恐れがあるからだ。

しかし、イスラエルで極右思想が支配的になることは、アメリカ政府の懸念を生むことになっている。二〇二二年一〇月、アメリカ上院外交委員会のロバート・メネンデス委員長は極右を含むイスラエルの右派政権がアメリカ・イスラエル関係を損ねるという警告を発し、ユダヤ系アメリカ人のハト派ロビー団体のＪストリートは、極右がイスラエル政府を支配する中ではイスラエルに対するアメリカの無条件の支持を再評価すべきと主張している。

イスラエルで極右が台頭したのは、アメリカがイスラエルの入植地拡大、イスラエル国内、あるいは占領地のパレスチナ人の人権侵害などに十分な注意を払ってこなかったことも一つの重要な背景だが、イスラエル国内の異民族を徹底的に排除するという極右勢力の台頭は、ナチズムにも似たナショナリズムのシオニズムが、行きつくところまで行ってしまったというその悲劇的結末も表している。

アメリカの極右的風潮を風刺する栄光ナル国家カザフスタンの文化力

二〇二〇年アマゾン・プライムで公開された『続・ボラット――栄光ナル国家だったカザフスタンのためのアメリカ貢ぎ物計画』には、実際にカザフスタンで大統領だった「ヌルスルタン・ナザルバイエフ大統領（在任一九九一〜二〇一九年）」が登場する。もちろん、実物ではなく、その大統領執務室も雑然としたオフィスといった感じである。

ストーリーは、トランプ大統領、ロシアのプーチン大統領、北朝鮮の金正恩委員長、ブラジルのボルソナロ大統領など強権的な指導者たちのサークルに入りたいナザルバイエフ大統領がトランプ大統領の歓心を買うために、映画の主人公ボラットにトランプ政権の要人への貢ぎ物を託すが、その貢ぎ物は当初はカザフスタン文化大臣の猿のジョニーだった。しかし、船旅での途中で檻の中に隠れていたボラットの娘トゥーターにジョニーが食べられてしまう。そこで、トゥーターが好色漢のペンス副大統領に貢がれることになる。ペンス副大統領が「保守政治活動協議会（CPAC）」の集会に出席している機会にボラットたちは接触を試みるが失敗し、トランプ大統領の法律顧問ルディ・ジュリアーニへとトゥーターを貢ぐ相手を変更する。

トゥーターはインターネット・ニュースのレポーターになり、ジュリアーニに接近を試みるが、すんでの所で娘への愛情に目覚めたボラットに助けられた。実はボラットはナザルバイエフ大統領によって、世界中に新型コロナウイルスCOVID-19を拡散するためにウイルスを体内に注入されており、アメリカへの船旅で立ち寄った国々やアメリカで新型コロナウイルスの感染が深刻になっていったという話である。

映画の通りだとすれば、世界はナザルバイエフ大統領の策動によるコロナウイルスに振り回されていることになる。

ボラットは、二人の共和党支持者の家に行き、彼らに「民主党員、ウイルス、どちらが危険か？」と尋ねると、即座に「民主党員」という答えが返ってきた。「民主党員は子どもを拷問にかけ、彼らにアドレナリンを出させて、その分泌液を取り出して血液を飲むんだ」と二人の共和党員たちは語る。彼らはボラットに「中国のウイルス」と題する歌を教える。それをボラットが「Qアノン（極右の陰謀論者たち）」の集会で参加者との掛け合いで披露して一緒に歌う。

コロナはウソっぱち
自由主義者のでっち上げ
オバマは裏切者だ　国を嫌っている　どうすりゃいい？
〔牢獄へブチ込め〕
〔武漢ウイルス注射しろ〕
ファウチ博士はどうすりゃいい？
〔武漢ウイルス注射しろ〕
ジャーナリストはどうすりゃいい？
〔サウジ人のようにみじん切り〕
WHOはどうすりゃいい？
〔サウジ人のようにみじん切り〕

前作の『ボラット』(二〇〇六年)は、カザフスタンが男尊女卑の国で「ユダヤ人追い祭り」が催されるなど、カザフスタンに反ユダヤ主義が定着している様子が描かれ、カザフスタンが茶化されていたが、第二作のボラットはトランプ政権に見られたアメリカの極右的風潮をブラックユーモアで風刺する内容になっている。ボラットがカザフスタンに帰国すると、前作の「ユダヤ人追い祭り」が「アメリカ人追い祭り」に変わり、仮装したアメリカ人たちが咳やよだれでコロナウイルスを拡散し、ファウチ博士の仮装者を殺害する。

前作の『ボラット』公開後にはカザフスタン国内で抗議活動などがあったようだが、新作公開後、カザフスタン政府は『ボラット』によって国への認知度が上がったと喜び、政府観光局は「ベリー・ナイス!(Very Nice!)」というボラットが頻繁に口にするフレーズを観光スローガンに用いるようになった。トランプ政権のコロナや、理不尽なイスラーム対策を皮肉る内容となり、この映画を観たイスラームの人々は溜飲を下げる思いにもなったことだろう。

パレスチナ政策を「アパルトヘイト」と重ね合わせる運動の発展

二〇二二年四月二九日付のハーバード大学の学生新聞「ハーバード・クリムゾン」は、その編集委員会の名でイスラエルに対するBDS(ボイコット、投資撤収、制裁)を呼びかけた。パレスチナ人の人権の尊重、パレスチナ人の解放が強調されている。これが公正の実現に向けた一つのステップであり、キャンパス内外の組織化と連帯の始まりであると述べられている。

既述の通り、二〇二一年六月二七日、イェール大学の学部学生の自治会は、イスラエルの「虐殺」「民族浄化」「アパルトヘイト」を非難する声明を採択したが、アメリカの大学生たちはイスラエルによるパレスチナ人たちへの人権侵害に非難の声を明確に上げるようになった。

アメリカの大学生たちが世界の矛盾の是正に大きな影響力をもつことは、一九八〇年代にカリフォルニア大学バークレー校の学生たちが、アパルトヘイトの南アフリカ政府とビジネスを行う会社への投資を大学に撤収するように要求したことが、アパルトヘイト廃止に向けて重大な貢献となったことにも見られた。

このことは大学の公式ホームページでも学生たちの運動を誇るかのように記されている。一九八五年三月にアンドレア・プリチェットなど少数の学生たちは南アフリカのアパルトヘイトに抗議して座り込みを開始した。その時点では多くの学生たちはネルソン・マンデラが刑務所に投獄されていて、またバークレー校が南アフリカに四六億ドルの投資を行っていることを知らなかった。学生たちは次第に関心をもち始め、警察当局が一五八人の学生たちを逮捕すると、運動はさらに盛り上がりを見せ、八五年五月に大学当局は学生たちと話し合いの場をもつようになり、一九八六年七月に大学評議会は南アフリカと取引を行う企業への三一億ドルの投資を撤収することを決定した。それは全米の大学とすれば最大規模の投資撤収だった。バークレー校の運動は世界の反アパルトヘイト運動の先駆けとなり、一九九〇年にネルソン・マンデラは釈放され、九四年にアパルトヘイトは廃止された(https://www.universityofcalifornia.edu/news/how-students-helped-end-apartheid)。

パレスチナ人たちは環境問題をめぐってもアパルトヘイト状態に陥っている。イスラエルが占領したり、封鎖したりするパレスチナの土地は環境問題が深刻になっている。ガザの住民たちは、ガザの地下にある帯水層を利用しているが、その帯水層は海水や化学物質によって汚染されるようになっている。イスラエルがガザとヨルダン川西岸地区を分離しているために、ガザの住民たちはガザの帯水層しか利用できない。またイスラエルはガザの水道管、井戸、その他の水に関わるインフラを爆撃、破壊し、またパレスチナ人たちはイスラエルのガザ封鎖によって、水道インフラを修理する部品も調達できず、また海水淡水化プラントも建設できないでいる。飲料水が汚染されているために、ガザではサルモネラ感染症や腸チフスなどの疾患に罹る人々が少なくない。

パレスチナ人たちの廃棄物管理システムはまったく十分ではなく、パレスチナ人たちがゴミを焼却処理するために大気を汚染し、さらに下水処理システムが整備されていないために汚水が海洋に流れ出るという問題もある。これらは言うまでもなく、パレスチナに隣接するイスラエルも影響を被り、自らに返ってくる問題で本来ならばイスラエルも真剣に取り組まなければならない。

イスラエル軍は封鎖されたガザとイスラエルを隔てるフェンスの近くに安全保障上の理由から除草剤を散布しているが、この化学物質が土壌を汚染し、ガンの原因になることも指摘されている。イスラエル軍がガザ攻撃に使用する劣化ウラン弾や白リン弾も、環境汚染やパレスチナ人たちの疾病をもたらしている。爆撃や銃撃からも、ガンや出生障害、不妊などを引き起こすタングステン、水銀、コバルト、バリウム、カドミウムなどの金属がまき散らされている。

本来はパレスチナ人たちの居住地区であるヨルダン川西岸における入植地建設によって、パレスチナ人たちが利用できる水資源が減少することは言うまでもない。また、パレスチナ人の土地がゴミの投棄場所とされるほか、入植者たちが果樹を伐採したりもしている。

アメリカの学生たちのBDSの運動が「ブラック・ライヴズ・マター（BLM）」の運動のように世界的広がりを見せて、かつて学生たちが南アフリカに対して求めた投資撤収がネルソン・マンデラの解放につながったように、学生たちのイスラエルへのBDSの要求によってイスラエルのアパルトヘイト政策に変化や改善があることをほとんどすべてのパレスチナ人たちは願っていることだろう。

トランプ支持者はそれでもイスラームを嫌う

二〇一七年一月に第四五代アメリカ大統領に就任したドナルド・トランプは、就任するやイスラーム系諸国からの移民を禁止し、イスラームヘイト、イスラームフォビア的性格を顕著にしていった。アメリカでは、二〇一七年二月二二日、カンザス州オレイサで白人の男が「アメリカから出て行け」と叫びながらコンピューター・エンジニアのインド人男性を射殺した。容疑者は元海軍兵士で、インド人男性をムスリムと勘違いしたのではないかとも見られている。それは、トランプ大統領の「ムスリムは我々をヘイトする」という発言などに扇動されたのかもしれない。トランプ政権のNSC（国家安全保障会議）のメンバーであったスティーブン・バノンは、シリコンバレーのCEOの三分の二がアジア系と語ったが、それはトランプ大統領がひんぱんに用いる「フェイク（ウソ）」であり、実際は一四％にすぎない。

二〇一七年一一月、トランプ大統領はイギリスの極右政党「ブリテン・ファースト」の「イスラームヘイト的」な書き込みをリツイート（転載）した。アメリカの歴代大統領たちがイスラームに対する嫌悪をこのように明らかにしたことはなく、大統領としての品格、資質があらためて疑問視される行為だった。

「ブリテン・ファースト」のジェイダ・フランセン副代表が投稿した三つの動画付きツイッター（現・X）記事にはそれぞれ「イスラーム主義の暴徒が少年を屋根から突き落とし、死ぬまで殴打」「ムスリムが聖母マリア像を破壊」「ムスリムの移民が松葉杖の少年を殴打」というタイトルがつけられている。ジェイダ・フランセンはヒジャーブをした女性に罵声を浴びせてムスリムに対するハラスメントをしたとして罰金刑の有罪を受けたことがあり、「ブリテン・ファースト」は大統領選挙の時期からトランプ大統領を支持してきた。

フランセンの書き込みに対してイギリスの野党・労働党のジェレミー・コービン党首（当時）は「私たちの社会への脅威だ」、ボリス・ジョンソン外相（当時）は「ヘイトスピーチが存在できる場所はない」、保守党のニコラス・ソームズ下院議員はトランプのリツイートに対して「大統領として不適格」という反発の声を上げたが、これらのイギリスからの批判を無視するかのように、トランプ大統領は「メイ首相よ、私のことは気にしなくて良い。イギリス国内で起きているイスラーム過激派によるテロの撲滅に専念していただきたい。我々はうまくやっている」とツイートした（「ハフポスト」より。http://www.huffingtonpost.jp/2017/11/29/trump-britain_a_23292394/）。

トランプ大統領は、二〇一九年七月、四人の非白人の女性下院議員に対して「政府がまったく完全にひどいことになっている国から来たのだから、帰国して出身国を良くしたらどうだ」とツイートしたが、この中には二人のムスリム女性議員たちが入っていた。また、二〇二〇年一月、ナンシー・ペロシ下院議長と、ユダヤ系のチャック・シューマー議員がムスリムの装いをした画像をあえてリツイートしたところには、イスラームだけではなく、トランプ大統領のユダヤ人に対する差別感も表れているかのようだった。アメリカではユダヤ人に対する襲撃事件も頻発するようになっている。

トランプ大統領は、二〇一七年九月の国連演説でも「イラン政府は民主の仮面で腐敗した専制政治を隠している。イラン核合意はアメリカが署名した「最悪で最も一方的」な合意だった」と語った。この時期はイランが核合意を順守しており、また核合意が一方的ではなかったことは国際社会が認めるところだ。この発言もイランに対する敬意や融和的姿勢をまったく欠いていたが、アメリカはバイデン政権になってもイランと関係修復できないままで、トランプの対イラン観がアメリカ・イラン関係にとって大きな足かせとなっている。

トランプ大統領の女性議員たちに対する「出て行け」発言を受けて、アメリカの映画界からも批判の声が上がった。俳優のクリス・エヴァンスは「ヘイト主義や人種主義より悪いのは、罪悪感もなく、良心の呵責もなく、ひどくあからさまにヘイトや人種主義を増幅させ、支持を拡大しようとすることだ。そして自分のまともではないエゴを満足させている」とツイートした。

トランプ大統領はイランやイスラームに対するヘイトを煽ることによって支持を拡大しようとし、彼のエゴが彼の支持者たちのイスラームヘイトやイスラームフォビアの原因にもなっている。

映画監督のロブ・ライナーは「トランプが人種主義者であることは疑いがない。彼を支持する人物は人種主義者だ。国民はわが国の魂の闘争における重大な時期においてヘイトを抱くか、あるいは「原罪」に打ち克つための闘争に従事するかの選択をしなければならない」と述べた。

二〇二二年一〇月二八日未明、ペロシ下院議長のサンフランシスコの自宅に男が押し入り、夫のポールの頭部をハンマーで殴り頭蓋骨骨折という重傷を負わせた。男は「ナンシー・ペロシはどこだ?」と叫んでいた。二一年一月六日に米議事堂に押し入った集団も同様に下院議長執務室に侵入して「ナンシー・ペロシはどこだ?」と叫んでいた。

トランプの手法はナショナリズム、ポピュリズム、人種主義、暴力を煽るもので、彼は「アメリカを再び偉大にする」というナショナリスティックなスローガンにより、ソーシャルメディアで大衆の関心や支持を獲得していった。二〇二一年一月六日、トランプはホワイトハウスに隣接するエリプス広場で演説し、「ペンシルヴァニア大通りを歩いて行こう、私はペンシルヴァニア大通りが大好きだ、そして議事堂へ行こう」などと支持者たちを扇動する演説を行っていた。こうしたトランプ支持層は白人至上主義者たちで、イスラームを著しく嫌い、ムスリムのアメリカ社会からの排除や排斥を考えている。

第四章　アメリカに残るイスラームの歴史的・文化的遺産

一　アメリカのイスラーム史

コロンブスの「聖戦」とヨーロッパがアメリカに残したイスラームの文化遺産

アメリカ大陸を「発見」したとされるクリストファー・コロンブス（一四五一～一五〇六年）にはエルサレムをイスラーム勢力から奪還しようとした十字軍と同じ目標があり、イスラーム勢力との戦いをその主題に据えていた。コロンブスは一四五一年にイタリア・ジェノヴァに生まれた。ジェノヴァは貿易都市国家であると同時に十字軍の拠点で、コロンブスはオスマン帝国がコンスタンティノープル（現イスタンブール）を征服する二年前に生まれている。ヨーロッパ・キリスト教世界にとってコンスタンティノープルの喪失は、ローマと並ぶその首都を失うことであると同時に、ジェノヴァのような貿易国家にとって、ボスフォラス海峡に臨むコンスタンティノープルに対するオスマン帝国の支配は、黒海に至る交易ルートへの危惧でもあった。コロンブスは、幼年期から十字軍がジェノヴァから出発するところを見てきた。彼は、マルコ・ポーロの『東方見聞録』を読んで、その中に登場する大君主「大ハーン」をキリスト教に改宗できれば、イスラーム世界の力をそぐことになると考えていた。

コロンブスはポルトガルで海上商人、貿易業者となり、一四七七年にはアイスランド、アイルランドに商船で到達し、また一四八二年から八五年にかけてギニアや黄金海岸など西アフリカとの交易に従事し、一四八六年までにスペインに定住するようになった。スペイン王国のカトリック両王（イサベル一世〔一四五一～一五〇四年〕とフェルディナンド五世〔一四五二～一五一六年〕）がイスラーム・スペインの拠点であったグラナダを一四九二年一月二日に陥落させると、スペインのクリスチャンたちは、イスラーム世界への究極の勝利を意図するようになった。しかし、イスラームのオスマン帝国はヨーロッパのキリスト教諸王国を脅かすほど強大で、紅海に至る航路もキリスト教勢力が奪取することは困難だった。

コロンブスは船乗りとして、北アフリカやアフリカ西海岸を航行してイスラーム勢力と遭遇し、またエーゲ海のキオス島ではコンスタンティノープル防衛に携わるギリシア兵たちとも会う機会があり、一四九二年にはグラナダ包囲戦に参加し、イベリア半島最後のイスラーム王朝であるナスル朝の崩壊とイベリア半島からのムスリムの放逐を観察する機会を得た。カトリック両王によるスペイン王国はシチリア島も領有していたが、シチリア島はオスマン帝国の脅威をより間近に感じていた。両王はコロンブスを航路でアジアに送り、大ハーンとともにオスマン帝国を挟撃することを考えた。しかし、彼が航行して行き着いたのはアジアではなく、「新大陸」のアメリカで、コロンブスにとって新大陸で遭遇する人々はすべて「ムスリム」だった。

コロンブスは航路で西に向かえば、中国やインドに到達して金やスパイスを手にすることができると考えたが、この構想をイサベル一世も支持し、財政支援や航海によって得られた利益の取り分比率などを内容とする契約を結んだ。一四九二年八月三日、ポルトガルのパロス港の近くから三隻の船で出航し、同年一〇月一二日に到達した島をサン＝サルバドル島と名づけ、ここがインディアス（インド以東のアジアのこと）の東端と確信して、現地人のことをインディオと名づけた。コロンブスはこの島で略奪行為を行い、金、銀、真珠、オウム、さらには奴隷などを獲得した。

このような成果があったために、二回目の航海も間髪を入れずに行われ、一四九三年九月に一七隻の艦船、農民、坑夫、投資家など総勢一五〇〇人でスペイン南西部の港湾都市カディスを出発し、一一月三日にドミニカ東部のバイーア・デ・サマナに到達した。コロンブスが率いるスペイン人たちは略奪や先住民たちの虐殺などの残虐行為に走り、また彼らを奴隷化していった。コロンブスの「新大陸」への航海はさらに、一四九八年、一五〇二年と続くことになるが、これらの航海や植民活動の中で、虐殺やレイプ、拷問が繰り返され、また土地の強奪も行われた。カリブ海地域に居住していたタイノ族は一四九三年には八〇〇万人だったが、三年後には虐殺やスペイン人がもち込んだ疫病などで三〇〇万人に減少した。コロンブスがスペインに戻る一五〇四年にはさらに一〇万人に減少していた（https://www.phillytrib.com/commentary/celebrating-columbus-day-is-celebrating-racist-genocide/article_87cab2f0-4ce7-5737-9547-009f04f791d6.html）。

スペインのコンキスタドール（アメリカ大陸征服者、侵略者）として知られるエルナン・コルテス（一四八五〜一五四七年）は、アステカの寺院を指して、メキシコには四〇〇の「モスク」があると述べ、アステカの女性は「ムーア人（北アフリカのムスリム）の女性」のように見えると報告した。ベルナル・ディアス・デル・カスティリョ（一四九六〜一五八四年）は、『メキシコ征服記（Historia verdadera de la conquista de la Nueva España）』の著者で、エルナン・コルテスのメキシコ征服に参加した。カスティリョは、アメリカの先住民女性の服装がムスリムのようだと記し、現地住民の宗教活動の場を「メスキータ（モスク）」と形容している。

当時のスペイン人にとって異教はイスラーム、異邦人はムスリムだった。いずれにせよ、コロンブスは亡くなるまで到達した地域をアジアと考え、「大ハーン」に至る道を開拓したいと思っていた。ムーア人との戦争を考えたコロンブスの姿勢は、メキシコ北東の町の名称「マタモロス（「ムーア人殺し」の意味）」にも痕跡を留めている。

アメリカ大陸に到達したスペイン人たちは、ムスリムの支配者たちの建築様式を新大陸にもちこんだ。カスティーリャ王国（一〇三五〜一七一五年）のアルフォンソ一一世（在位一三一二〜五〇年）やペドロ一世（在位一三五〇〜六六年、一三六七〜六九年）は、ムーア人の職人たちを好んで使って宮殿を造営したが、そうした建築様式がアメリカ大陸にもち込まれた。カリフォルニア州などのカトリック教会などを見ればスペイン様式の建築が多いことは容易に気づく。

また、イギリス人やフランス人はゴシック様式の建築を好んだが、ゴシック様式は第一回十字軍によってエルサレムのモスクなどの建築物を見たノルマン人騎士たちの帰還によってもたらされた。アメリカではゴシック様式は、イェール大学の建築物など、大学やカレッジ、学校などで見られる。アメリカ人にとって、ゴシック様式はオックスフォード大学やケンブリッジ大学の建築様式やパリのノートルダム大聖堂を連想させるものなのだ。より良い将来の世界をつくるには、コロンブスのように、「異端・異邦人」を排除してイスラームとの対立を煽るよりも、ゴシックの建築物に見られるように文化や文明を交差させることを考えたほうがよいことをヨーロッパがアメリカにもち込んだ優れたイスラーム文化が教えている。

ムスリムがもたらしたアメリカの食文化と建築様式

「Ｎｅｗｓポストセブン」の記事に大谷翔平選手の得意料理はパエリアと書かれてあった。魚介料理は大谷選手にとって大事な栄養源なのだそうだ。パエリアは、日本人が主食とするコメ（米）料理で魚介なども具材として使うので、日本人にも人気が高いスペイン料理だ。二〇一七年には日本人シェフがスカエ市で開かれた「国際パエリア・コンクール」で優勝したこともある。アメリカでも大谷選手が所属するエンジェルズの本拠地があるカリフォルニア州やテキサス州など、ヒスパニック系住民が多い州で人気がある。

ムーア人がスペインなどイベリア半島にもたらした食材の中で最も特筆すべきはコメだが、それに魚介などの具材とサフランを加えて典型的なパエリアができ上がる。サフランは独特の風味をつける香料であり、また食品を黄色にする着色料でもある。イラン料理などでもご飯の着色などに頻繁に用いられる。

パエリアの語源は、バレンシア語の「フライパン」、あるいはアラビア語の「ビカーヤ biqaya（食べ残し）」という説や、あるいはスペイン語の「パラ・エヤ para ella（彼女のために）」という説がある。スペイン語起源のほうがロマンティックな響きがあるが、アラビア語のほうは大衆的な料理という印象を与える。コメ栽培はムーア人たちが一〇世紀にスペインで始めたと考えられ、大きな柄付き鍋でコメや魚などを香料とともにパエリアとして調理するようになった。

パエリアに用いられるサフランは、スペインでは九六一年頃、栽培されるようになり、時には金《きん》よりも高価な香料であり続けた。スペインでサフラン栽培が行われるまで、ヨーロッパにはサフランが存在しなかった。スペイン語の語彙で「a」から始まる食材はムーア人がアラビア語からもたらしたものだ。その中には「azafrán アサフラン（サフラン）」の他に、「arroz アロス（コメ）」「aceite アセイテ（油）」「aceituna アセイトゥナ（オリーブ）」「albaricoque アルバリコッケ（アプリコット）」「almendra アルメンドラ（アーモンド）」などがある。

アメリカ・カリフォルニア州の「カリフォルニア」という名称がアラビア語の「カリフ」に由来するという説が有力であることは、あまり知られていない。ガルシ・ロドリゲス・デ・モンタルボ（一四五〇～一五〇五年）の小説『ラス・セルガス・デ・エスプランディアン（エスプランディアンの武勲《いさおし》）』（一五一〇年）は、スペイン人のコンキスタドールに人気があった小説で、コンスタンティノープル皇帝エスプランディアンのトルコ軍との戦いを描いたものだが、小説は豊穣な島カリフォルニアが舞台だった。この小説はスペイン・セビリアで最初に出版されたが、セビリアは数世紀にわたって後ウマイヤ朝のカリフ国家の一部だった。

クリストファー・コロンブスはアジアに到達することを夢想して大西洋を航海したが、異邦人との遭遇を想定してアラビア語の通訳を帯同させた。イスラームの信仰をもった者がアメリカ大陸に到達したのは、コロンブスの「新大陸の発見」と同時だったと見られている。

ムーア人は七一一年から一四九二年のレコンキスタの完成までイベリア半島を支配した。レコンキスタ完成後の異端尋問で、三〇万人から八〇万人とも見積もられるムスリムがキリスト教に改宗したと見られている。スペインではその後イスラームからカトリックに改宗したモリスコが密かにイスラームの信仰を継続しているかを内偵し、もし発覚した場合は迫害を加える場合があった。コロンブスの一行の中にもイスラームの信仰を捨てきれずにいた者もいたと考えられている。

ムーア人はイベリア半島にオレンジを初めてもたらしたが、考古学調査では、一〇世紀のイベリア半島で灌漑がオレンジ栽培に使われていたことが判明し、またイスラーム支配のシチリア島でも九世紀にオレンジ栽培が行われるようになった。アメリカ大陸にオレンジをもたらしたのは、一五世紀末の新大陸の「発見」以降のことだった。柑橘類の生産で有名なカリフォルニア州にオレンジをもたらしたのは、スペイン人の宣教師たちだったから、オレンジのカリフォルニアでの普及にムーア人が果たした役割がうかがえる。

カリフォルニア州の初期の植民者はスペイン人で、一八四六年から四八年にかけての米墨戦争でメキシコが敗北した結果、メキシコはカリフォルニアをアメリカに割譲した。カリフォルニア州の地名にスペイン語名が多いのはこうした歴史的経緯による。ムーア・スタイルの建築様式はカリフォルニアでは懐旧の想いとともに、著名な建造物に見られる。ロサンゼルスの西ハリウッドにあるパティオ・デル・モロ（Patio del Moro）は一九二五年に建築されたムーア・スタイルのアパートメント・ハウスで、またサンフランシスコのアルハンブラ劇場は一九二六年に建設され、イスラームのミナレット（尖塔）のようなタワーがある構造になっている（https://aeon.co/amp/essays/muslims-lived-in-america-before-protestantism-even-existed, https://www.vox.com/platform/amp/2015/12/22/10645956/islam-in-america）。

アメリカの民主主義の象徴とも言えるワシントンDCの議事堂（キャピトル、アメリカ合衆国議会議事堂）の建築様式は、「ダブル・ドーム」になっている。「ダブル・ドーム」とはドームの内殻と外殻を設け、ドームの室内の高さよりも、外側が高いことを際立たせている。

このダブル・ドームの様式は、セルジューク朝時代のペルシアで生まれ、発達したもので、さらにオスマン帝国で発展していった。イギリスの建築家のクリストファー・レンもセント・ポール大聖堂にこの様式を用いた。レンはこの様式を「サラセン（アラブ・ムスリムを指す言葉）のアーチ形天井建築（vaulting）」と呼び、幾何学美のために必要と考えた。ウズベキスタン・サマルカンドの有名なビビ・ハニム・モスク（一三九九～一四〇四年にかけての建築）もダブル・ドームの構造になっている。

ワシントンDCにあるイスラミック・センター（著者提供）

ゴシック様式はアメリカでも見られ、ニューヨーク・マンハッタンのセント・ジョン・ザ・ディヴァイン大聖堂もそのツインタワー、尖頭アーチ、三つ葉模様、バラ窓、周歩廊、高窓などはビザンツやシリア発祥のゴシック様式となっている。

トランプ前大統領は「イスラームは我々を嫌う」と発言したり、その白人至上主義からイスラーム系諸国からの移民禁止の大統領令を出したりしたが、アメリカ文化はキャピトルの建築様式を見ても明らかなように、イスラーム文化に大きな影響を受けている。移民や難民が交差する時代にあって、異文化の排除や排斥ではなく、包摂していくことが肝要であることは、アメリカの豊かで、豪華な建築の歴史も教えている。

アメリカにやってきたアフリカ奴隷の三〇％はムスリムだった

アメリカにやってきたアフリカの奴隷の三〇％は、西アフリカや、ガンビア、カメルーンなど中央アフリカから奴隷として連れてこられたムスリムだったとされている。アメリカにムスリム奴隷がやってきたのは一六〇〇年代に遡り、のちに合衆国になる地理的範囲に連れてこられた奴隷のうち、三分の一はムスリムであったが、奴隷たちは公の場でのイスラームの信仰を放棄することを余儀なくされ、出身地域の文化や伝統から切り離された（Hussein Rashid, Hofstra University,"Muslim Voices in America: The Making of a Modern Music Scene" 2009.）。

アフリカ奴隷の歴史を研究するシルヴィアン・ディウーフ（一九五二〜）によれば、ムスリム奴隷たちは主人たちからの棄教の強制にもかかわらず、習慣や伝統を保持しながら、それを独自の方法で表現するようになった。ディウーフは、アメリカのブルースには、奴隷時代からのイスラームの影響を見てとることができると述べ、黒人労働歌の「リーヴィー・キャンプ・ハラー（かけ声）は、イスラームの礼拝への呼びかけである「アザーン」と音調が似ていると主張する（「リーヴィー・キャンプ・ハラー」は以下のアドレスに動画があるが、確かにアザーンのかけ声と重なるものがあるという印象を受ける。https://www.youtube.com/watch?v=5EH3jsnUo38）。

ドイツ・マインツ大学のゲルハルト・クビク教授は、今日のブルースの歌手・演奏家たちは、無意識にアラブ・イスラーム的パターンを用いていると主張する。多くのブルース・シンガーが、メリスマ（歌詞の一音節に多くの音符があてられる装飾的な旋律法を用いる）を使うが、それは北アフリカ（マグレブ）のアラブ・イスラーム音楽の伝統であり、そこから西アフリカにもたらされたとクビク教授は述べている（https://oldtimeparty.wordpress.com/2015/06/23/islam-and-the-levee-camp-holler/）。

ブルースは、アメリカのカントリー&ウェスタンからロック、さらにはジャズのような他の音楽ジャンルにも影響を及ぼしたが、ジョン・コルトレーンの「至上の愛」（A Love Supreme）は、イスラーム神秘主義のズィクル（神を想起する修行法）に影響されていると、『反抗の音楽（Rebel Music）』の著者であるヒシャーム・アイディは述べている。イスラーム神秘主義の修行者たちは、集団でズィクルを行い、神の名（アッラー）を繰り返し唱え、精神をアッラーに集中させ、アッラーとの合一を目指している。

アメリカ・ミネソタ州東部にあるミネアポリス市（人口四三万人程度で、ミネソタ州最大の都市）は、二〇二三年四月に市議会がモスクからの礼拝への呼びかけである一日五回の「アザーン」が拡声器を使って屋外に行われることを認めた。アメリカの主要都市では初めての、いわば歴史的措置でもある。

ミネアポリス市では夜明け前と夕方のアザーンも認められた。イスラーム諸国を訪問された方なら経験が必ずあると思うが、モスクのミナレット（尖塔）の拡声器から聞こえてくる夜明け前のアザーンは目覚まし時計のように、早起きするのには都合がよい。また、イスラーム諸国に来たことを実感することにもなる。ミネアポリス市で静寂な時間である夜明け前のアザーンが拡声器を使って行われることが認められたことは、イスラームの存在感が社会で強まったことを意味する。

アザーンを唱える人を「ムアッジン mu'adhdhin」と呼び、アザーンはアラビア語で次のように呼びかけられる。

アッラーは偉大なり。私はアッラーのほかに神はなしと証言する。私はムハンマドがアッラーの使徒なりと証言する。いざや礼拝に来たれ。いざや繁栄のために来たれ。アッラーは偉大なり。アッラーのほかに神はなし。

早朝の礼拝のアザーンには「礼拝は眠りに勝る」という文言が入り、寝ていないで起きて礼拝に来なさいと呼びかけられる。

トランプ政権時代、イスラーム系移民が禁止されるなどイスラームは冷遇されたが、ミネアポリス市の措置はイスラームがアメリカ文化の一部になりつつあることを示すものでもある。アメリカの憲法で保障された宗教の自由がイスラームにも認められたと喜ぶアメリカ在住のムスリムもいる。

アザーンはイスラームの信仰の根幹である一日五回の礼拝の前に行われる。礼拝は、信仰告白（「アッラーのほかに神はない、ムハンマドはその使徒である」と唱えるもの）、喜捨（救貧税）、断食、巡礼と並んで五行《ごぎょう》、あるいは五柱《ごちゅう》と呼ばれるイスラームの最も基本的な宗教義務である。日本の場合も同様だが、アメリカではアザーンはモスクの中で行われ、またラジオを通じてアザーンが放送されてきた。二〇〇四年に、ムスリムが多数のミシガン州のハムトラムク市（人口三万人弱）で拡声器によるアザーンが公式に認められているが、大規模な都市ではミネアポリス市が初めての措置だ。日本の場合は、仏寺の鐘の音が聞こえるように、アザーンが拡声器で呼びかけられることが禁止されているわけではない。

二　アメリカに残るイスラームの歴史・文化遺産

イラン文化を愛好していたアメリカ人たち——エマーソンとメルビル

アメリカのイラン系政治学者のアッバス・ミラニ（アッバース・ミーラーニー）は、「哲学者エマーソンらの思想やメルビルの『白鯨』などの文学作品にはイランへの傾倒がうかがわれます」と述べている（「朝日新聞」二〇一九年八月一日付）。アメリカ人の感性とイラン人のそれは本来相性がよいのかもしれない。

アメリカの詩人で哲学者のエマーソンは、イランの詩人サーディーを敬愛してやまなかった。エマーソンの詩「サーディー」の中には「神々の知恵はサーディー、喧嘩を売る者に注意を向けることなく、サーディーの語ることに耳を傾けよ」というくだりもあるほどで、サーディーの作品『薔薇園（ゴレスターン）』が説く道徳観は、世界的な秩序を与えるものだともエマーソンは語っている。

善人たちは逆境でも楽しそうな顔をし、悪人たちは栄えているときでもつまらなそうにしている。

――サーディー

自分の心は、あなたの許しがなければ有害な何物も入ることができない、神聖な囲いである。

――エマーソン

『薔薇園』に次のような韻文があり、か弱き者、貧者、不遇なる者への救済、正義を尊ぶことを説く。

強き腕と指先の力もて
か弱き貧者の掌をくじくは罪なり。
不運なる者を赦さずして、はばからざれば
足を踏み外すとも彼の手を取る者なからん。
悪しき種子をまきて良き望みを抱くは
愚かなる頭脳をしぼり、空想を描くものなり。
汝の耳より綿を取り出し、人々に正義を施せ汝もし正義を与えざればむくい受くる日ありなん。

（沢英三訳『ゴレスターン』岩波文庫、一九五一年）

メルビルの『白鯨』も善と悪の対決など、ゾロアスター教の精神世界を叙事詩の形態で描き、また「アフガニスタンでの血みどろの争闘」という見出しで、一九三九年のアフガニスタンへのイギリス帝国主義の侵攻を想起させている。荒れ狂う白鯨は理不尽な政治指導者の暴走を表しているかのようだ。また白鯨と格闘する船長エイハブのモデルは、旧約聖書『列王記』悪王アハブと見られている。アハブは邪神バアルを信仰したため、イスラエル王たちの間に対立をもたらした。『白鯨』の語り手のイシュメールのモデルは、『創世記』のイシュマエルで、このイシュマエルはイスラームでも、イスマーイールとして父イブラーヒーム（アブラハム）とともにカアバ神殿を建立している（『クルアーン〈コーラン〉』第二章一二五〜一二七節）このように、『白鯨』は古代中東の神々がモデルとなって展開する物語で、その源流にはゾロアスター教に見られる善悪二元論があり、オリエント世界に独特の道徳観を強調している。

イスラームはアメリカの差別社会における反逆の手段――アート・ブレイキー

ジャズ・ドラマーのアート・ブレイキー（一九一九〜九〇年）は、一九六三年のエボニー誌によると、ジョージア州アルバニーの警察署で白人警官を「Sir」と呼びかけなかったために殴り殺されそうになった後で、自分なりの新しい哲学を探し始めた。フランスのジャズ雑誌とのインタビューの中で、彼にとってのイスラームの魅力は、苦しい現実から逃れるための媒介となり、完全な精神的な自由の中で彼が選択できる生き方や考えを示してくれたことにある。それゆえ、彼の仲間の多くが信仰としてイスラームに帰依することになった。彼らにとって、イスラームは何よりもアメリカの差別社会の中で反逆の手段だったとブレイキーは回想している。

一九四〇年代後半に西アフリカを訪問したアート・ブレイキーは、その訪問の理由を「生まれながらにして教会に行くしか選択肢がなかったが、白人のキリスト教を信仰することを望まなかった。世界の宗教に触れようと思ってアフリカを訪問したのだ」と語っている。彼は西アフリカ訪問がドラムではなく、宗教やその哲学を学ぶためであったと回顧している。一九四〇年代は、マルコムXがイスラームに改宗した時代であり、公民権運動にもイスラームが重要な影響を与えるようになっていた。

アート・ブレイキーは、一九六一年に来日した時、日本人のファンが一緒に写真を撮ってくれと申し出ると、「僕は黒人だが、本当に一緒に撮りたいのか」と尋ねたという。一九六〇年代はアメリカで公民権運動が高揚していた時期だが、彼は離日する前に「我々を人間として迎えてくれたのは、アフリカと日本だけだ」と語った（https://sugarfootstomp.wordpress.com/2016/05/25/art-blakey-in-japan/）。

そういう意味では日本にもイスラームの平等の理念が備わっていて、ブレイキーはイスラームの理想社会を日本に見たのかもしれない。

アート・ブレイキーが信仰したのは、第二章で紹介したイスラームの新興宗派の「アフマディーヤ」だった。アート・ブレイキーは、一九四〇年代の後半にイスラームに改宗して、ムスリム名をアブドゥラ・イブン・ブハイナという。アフマディーヤに改宗したジャズ・ミュージシャンの中にはピアニストのアーマッド・ジャマル、ヴォーカリストのダコタ・ステイトン、トランペッターのタリブ・ダウード、ケニー・ドーハム（ムスリム名はアブドゥル・ハミド）、サクソフォン奏者のサヒブ・シハブ、ベーシストのアーメド・アブドゥル・マリク、リード奏者のルディ・パウエル、ピアニストのマッコイ・タイナー（ムスリム名はスレイマン・サウド）、マルチプレイヤーのユセフ・ラティフなど錚々たる人々がいた。アート・ブレイキー率いる「ジャズ・メッセンジャーズ」の「メッセンジャーズ」にはイスラームの預言を伝える者という意味が込められていた。預言者ムハンマドの「預言者」も英訳すれば「メッセンジャー」だ。

アーマッド・ジャマルは人生の指針を聖典クルアーンから得て、アフマディーヤに属す自分のモットーはすべての人々に愛を、憎しみは誰にもたないことだと強調した。アフマディーヤは一八八九年に英領インド帝国のパンジャーブ州のカーディヤーンで始まり、創始者のミールザー・グラーム・アフマド（一八三五〜一九〇八年）は自らをメシア（ユダヤ教の救世主）であり、またマフディー（イスラームの救世主）であるとも説き、イスラームの主流派からは異端と見なされた。

アフマディーヤは一九二〇年代にアメリカの各都市への宣教活動にその聖職者たちを送った。人種間の平等と同胞愛を説くアフマディーヤの教えはアフリカ系アメリカ人の間で多くの信徒を獲得していった。アフマディーヤはジハードを武力ではない平和的手段による精神的闘争と規定した。アフマディーヤの宣教師ムハンマド・サーディクはイスラームがすべての人々の平等を説く普遍的な宗教であることを訴え、アフリカ系の人々の間で信徒の数を増やしていく。他方で、サーディクはキリスト教が奴隷制度、人種隔離、アフリカ系の人々への抑圧を正当化したことを強調した。

ジャズ・メッセンジャーズのメンバーの一人であったユセフ・ラティフは、ジョン・コルトレーンが詩に書いた"gracious and merciful"という言葉は、クルアーンに見られる「ラフマーン」と「ラティフ」と同義だと説明している。「ラフマーン」と「ラティフ」はともに慈悲・慈愛を表す神の美称であり、前者は一般的な慈愛を意味するのに対して、後者は現世で導き、来世で救済する慈悲と考えられている。

コルトレーンは「私の目標は真の宗教的生活を送ることであり、それを音楽で表現することだ。私の音楽は私自身が何であるかという精神的な表現である」と語っている。ラティフは、北インド生まれの神秘主義者のイナーヤト・ハーンの著作『音の神秘』を読むことを薦めている。ここには「波動・音・声・ことば——すべての生命は音調とリズムを表し、宇宙はハーモニーの法則によって動く」と書かれ、イナーヤト・ハーンは「我々は異なる名称、異なる形態で一つの宗教に帰依している。異なる名称や形態の背景には同じ精神や真理がある」と説いたが、これはルーミーの詩の一編「すべての宗教は、同じ一つの歌を歌っている。相違は幻想と空虚に過ぎない」を思い起こさせるものだ。

大坂なおみ選手のマスクに表れたイスラームとジャズ

大坂なおみ選手が二〇二〇年九月の全米オープンを制したが、人種差別に抗議するために、差別の犠牲になった七人の人々の名前を記した黒地に白文字のマスクをそれぞれ七試合で着用した。マスクの着用にはアメリカ社会の中でさまざまな重圧があったに違いないが、それをはねのけて優勝を達成した。

七枚のマスクの中に、二〇年二月二三日にジョージア州南東部ブランズウィック市でジョギング中に、白人の親子など三人に射殺されたアフマド・アーベリーの名前もあった。この殺害は容疑者が明らかであったにもかかわらず、親子の逮捕は五月七日、もう一人の男の逮捕は五月二一日と遅かった。

丸腰のアフマドさんが銃をもった男たちに射殺される様子はユーチューブにある（https://twitter.com/BirdsOfJannah/status/1258355563996697920）が、白人の男たちの行為は明らかに過剰で、人種差別意識も垣間見えてしまう。

アメリカ最大のムスリムの人権団体「アメリカ・イスラーム関係評議会（Council on American-Islamic Relations）」は、犯行の様子を撮った映像の公開と容疑者たちの逮捕・起訴が遅かったことに抗議した。また、犯行が不当な人種主義による行為であり、アフリカ系アメリカ人に対する抑圧の歴史に基づく暴力の一パターンの表れと断定した。

「アフマド」はアラビア語のムスリム名で、「称賛に値する」などの意味がある。イスラーム世界では広く見られる名前で、アメリカのブラック・ムスリムにもアフマドの名前をもつ人は少なからずいる。

ジャズ・ミュージシャンのアーマッド・アブドゥル・マリク（一九二七〜九三年）の「ア

ーマッド」も本来は「アフマド」という発音だ。ジョン・コルトレーンのアルバム「ライヴ・アット・ザ・ヴィレッジ・ヴァンガード」は、文字通り一九六一年一一月にニューヨークのジャズ・クラブ「ヴィレッジ・ヴァンガード」で行われたライヴを録音したものだが、アーマッドは中東の伝統的な楽器であるウードで参加した。

コルトレーンは、彼の友人で、一九四〇年代の終わりにイスラームに改宗したユセフ・ラティフなどを通じて、中東の音楽に関心を抱いていたが、アーマッド・アブドゥル・マリクは、一九五〇年代のアルバム「ジャズ・サハラ」「イースト・ミーツ・ウェスト」で中東のサウンドと欧米のそれの融合を試みていた。

アーマッド・アブドゥル・マリクは、父親がスーダンからアメリカに移民してきたと語り、アラブやアフリカの楽器や音楽的伝統に慣れ親しんでいたと語っていたが、本当のところは、両親はカリブ海地域の出身で、高校時代にシリアやレバノンから留学してきた学生たちからアラブの音楽に接するようになっていた。また、ニューヨークで西アフリカの音楽にも触れている。一九歳の時にイスラームのアフマディーヤに改宗して、名前をジョナサン・ティムからアーマッド・アブドゥル・マリクに変えた。

一九五〇年代後半から六〇年代にかけての彼の六つのアルバムは、ジャズ・ミュージシャンと中東アフリカの演奏家たちの混成によるもので、一九六一年にはナイジェリア・ラゴスへの演奏ツアーを果たした。その後はニューヨーク・ベドフォード・スタイブサント地区で音楽を教えたり、ニューヨーク大学で博士号を取得したりした。彼は、ジャズ・ファンから忘れられることなく、二〇一七年にはヨーロッパのジャズ・グループ「ニュー・ジャズ・イマジネーション」がそのアルバムのタイトルに「アフマド（アーマッド）」と名づけている。欧米と中東アフリカの音楽を融合させようとしたアーマッドの業績は、アメリカ社会の対立にも、また現在の国際関係のあり方にも肯定的なヒントを与えるものであることは言うまでもない。

「ルバイヤート」でペルシアと日本を融合させたドロシー・アシュビー

アメリカのジャズ・ミュージシャンのドロシー・アシュビー（一九三二〜八六年）は、一九六九年一一月から七〇年初にかけてアルバム「ドロシー・アシュビーのルバイヤート」を完成させた。アシュビーは、元々ジャズ・ハープ奏者だが、このアルバムでは日本の琴を使ってジャズの新しい境地を切り拓いた。構成する楽曲や演奏の一部はインターネット上で聴くことができる（https://www.allmusic.com/album/the-rubaiyat-of-dorothy-ashby-mw0000583622）。

琴の演奏は「For Some We Loved」にあり、中東音楽のようなグルーヴ（ノリ）の中に琴の音色が入り込み、かつアフリカの楽器カリンバと合わせて、アジア、中東、アフリカ、アメリカを合わせたような独特の精神世界をかもし出している。世界の多様性が凝縮されるこのアルバムはアシュビーの作品の中で最も高い評価を得たアルバムの一つである。

また、アルバムの曲の中には「Wine」「Dust」などがあり、酒や埃《ほこり》を用いて今を大切に生きよという無常観を表す「ルバイヤート」の精神世界を、それぞれの曲のタイトルが表している。

地の表にある一塊の土だっても、
かつては輝く日の面《おも》、星の額《ひたい》であったろう。
袖《そで》の上の埃《ほこり》を払うにも静かにしよう、
それとても花の乙女《おとめ》の変え姿よ。

（オマル・ハイヤーム／小川亮作訳『ルバイヤート』岩波文庫、一九四八年）

男性優位なジャズ音楽界の中で女性のアシュビーには乗り越えなければならない壁があり、またアメリカ社会の中ではアフリカ系の人々（＝黒人）に対する差別があった。さらに、ジャズの世界ではハープの演奏に関心があまりなく、アシュビーは「三重苦」にあったと回想しているが、そのことも人生を讃え、音楽のもつ喜びや、また宗教を超えた普遍的な愛を表象するハイヤームの世界に惹かれることに繋がった。

人生はその日その夜を嘆きのうちに
すごすような人にはもったいない。
君の器が砕けて土に散らぬまえに、
君は器の酒のめよ、琴のしらべに！
（同前）

琴も詩の中に詠まれる「ルバイヤート」はハープ奏者のアシュビーの芸術的共感を生むものでもあった。アシュビーはそのアルバムでペルシアと日本の文化をドッキングさせたが、ハイヤームの「ルバイヤート」は日本人もよく理解できる精神世界である。それをアシュビーが知っていたかどうかは定かではないが、やはりルバイヤートを訳した陳舜臣は、彼の『ルバイヤート』（集英社、二〇〇四年）序文で「ルバイヤートは私の青春とともにあった。（中略）戦時中の仕事なので、とくに忘れられない。死生観について、日常のことなので、いつも考えていた。同級生たちは大部分がすでに戦地へ行っていた。そのような状況のなかで私はルバイヤートを、辞書を片手に、それこそ精読していたのである」と書いている。

友よ明日を思い煩うなかれ
このひとときの楽しみをとれ
明日われらはこの古き住居《すまい》を去り
七千年の故人と共に旅をせん

（陳舜臣訳『ルバイヤート』）

春めぐり来て　世界に幸福あり
生きとして生けるものなべて沙漠を慕う
すべての枝　これモーゼの手
すべての風にキリストの息あり

（同前）

アメリカのポップ音楽を偉大にしたイスラーム系音楽プロデューサー

トランプ前大統領は、二〇二〇年六月一〇日、南北戦争の南軍に由来する基地の名前を残すと表明した。その理由は南軍に由来する名称が「偉大なアメリカ」の遺産であり、勝利や自由の歴史であるからだという。ノースカロライナ州にあるフォート・ブラッグ基地は、五万人以上の職員が勤める世界最大の軍事施設だが、この名前は南軍のブラクストン・ブラッグ将軍（一八一七〜七六年）に由来する。ブラッグ将軍は米墨戦争（一八四六〜四八年）を戦ったが、これはアメリカの植民地主義・侵略戦争であり、他国から見ればとても「偉大な遺産」とはいえないものだった。また、彼は南北戦争以前にはルイジアナ州で黒人奴隷を使役する砂糖農場を経営しており、「自由の歴史」のシンボルと言うこともできない。

トランプ前大統領は、アメリカにおける白人のクリスチャンの歴史を重んじたが、アメリカのジャズやリズム＆ブルースなどポップ・シーンに大きな影響を及ぼしたのは、アトランティック・サウンドに大きな足跡を残したトルコ人音楽プロデューサーのアリフ・マーディン（一九三二〜二〇〇六年）で、マーディンはオスマン帝国の貴族階級の出身だった。父親はカイロのトルコ銀行に勤務していたが、マーディンが一〇歳の時にドイツ軍の空爆に遭い、難を逃れた家族はトルコに戻った。

マーディンは幼い頃からジャズに夢中になり、また母親も彼のピアノ演奏の上達を後押しした。アメリカ国務省は一九五〇年代半ばにジャズ・ミュージシャンたちを世界各地に送るようになったが、その機会の中でマーディンは一九五六年にトルコの首都アンカラでディジー・ガレスピー、クインシー・ジョーンズの演奏に接し、ガレスピーに自らが作曲した楽譜を見せると、その才能が認められた。彼は「クインシー・ジョーンズ奨学金」を得て一九五八年に渡米し、ボストンのバークリー音楽大学で学んだ。

一九六六年にはラスカルズの「グッドラヴィン」のプロデュースをして全米ナンバー1に輝いたが、この音楽を手がけるまでジャズしか聴いたことがなかったと告白している。8トラック・レコーディングが開発されたことでマーディンはアレンジの面白さを知るようになり、ベット・ミドラー、バーバラ・ストライザンド、ビージーズ、ディオンヌ・ワーウィックやチャカ・カーンなど数々の大物アーティストの音楽をプロデュースし、アメリカのポップ・シーンに多大な貢献をした。

二〇〇〇年にアトランティック・レコードを去ると、EMIレーベルに移籍し、マーディンがプロデュースしたノラ・ジョーンズの「カム・アウェイ・ウィズ・ミー（Come Away With Me）」は世界で二七〇〇万枚の超ベストセラーとなるなど、史上最も成功したプロデューサーとも形容されるほどになった。

アメリカの自由に貢献し、その音楽文化を偉大にしたのは、トランプ前大統領が嫌ったマーディンのようなイスラーム系移民で、イスラーム世界の感性もまたアメリカの音楽を豊かにし、アメリカの音楽が世界の人々を引きつけ、世界をリードするのに貢献していった。

アメリカの黒人音楽の尊厳を高めたトルコ人プロデューサー

アメリカの音楽プロデューサーで、作曲家でもあったアーメット・アーティガン（トルコ語読みだと「アフメト・エルテギュン」、一九二三～二〇〇六年）は、トルコ・イスタンブールで生まれ、一九三五年に父親のムニルが駐米大使に任命されるとアメリカに移住した。ムニルは、トルコ共和国建国の父ケマル・アタチュルクの親友で、フランス、スイス、イギリスでも大使を務めた。アーティガンはジョージタウン大学で中世哲学を学び、一九四七年にアトランティック・レコードをニューヨーク出身のユダヤ系アメリカ人のハーブ・アブラムソンとともに創設した。

アーティガンのアトランティック・レコードは、ジャズ、ソウル、ゴスペルなど黒人の音楽に焦点を当て数多く手がけていったが、アーティガンとアブラムソンの音楽への豊かな感性が、多くの才能を見いだし育んでいった。一九五〇年代にはレイ・チャールズ、ビッグ・ジョー・ターナーを世に送り出し、また一九六〇年代はオーティス・レディング、サム&デイヴ、ウィルソン・ピケット、アレサ・フランクリンなどの音楽を手がけた。

アトランティック・レコードは、アーティガンがトルコ人ムスリム、アブラムソンと著名なプロデューサーのジェリー・ウェクスラーはユダヤ人であった。さらに当初重点的に扱い成功したのは黒人音楽で、黒人のリズム&ブルースをアメリカのポピュラー音楽の主要なジャンルに押し上げていった。

アーティガンは、一九五六年に彼の兄のネスヒをアトランティック・レコードのビジネスに参加させるようになったが、アーティガンがソウルやロックンロールに主に関心があったのに対して、ネスヒはジャズ音楽の開拓に情熱を傾けていった。ネスヒは、アトランティックに参加する前はロサンゼルスでジャズ・レコードの店を経営し、UCLAでジャズの歴史を教えていた。学問としてアメリカの大学でジャズが教えられるようになったのは、これが初めてのことだったとされる。ネスヒは、アトランティックに入ると、オーネット・コールマン、チャールズ・ミンガス、ジョン・コルトレーン、モダン・ジャズ・カルテット（MJQ）などジャズの巨匠たちの演奏をアトランティックのレーベルから売り出した。

これらのジャズの巨匠たちは、ネスヒのジャズに対する知識や理解を称賛し、型にはめることなく、ミュージシャンたちが望むままに演奏をさせてくれたと大いに評価している。

アーティガンたちが最初にジャズに接したのは、父親のムニルがロンドンに大使として在任している時で、一九三二年、八歳か九歳の時に、デューク・エリントンの演奏をロンドン・パラディウムで聴くまで黒人の姿を実際に見ることもなかった。

アーティガンの父親のムニルは、敬虔なムスリムで、日に五回の礼拝を欠かさなかったが、その祖父はイスタンブールの著名なイスラーム神秘主義教団の指導者であった。アーティガンは亡くなる前に偉大な黒人音楽の尊厳とそれへの認知度を少しでも高めることができたならば幸いだと語ったが、黒人音楽を多く手がけたその活動の背景には、多様性や寛容を尊重するイスラーム神秘主義の家庭的背景があったことも確かで、もちろん、それはアメリカ社会における偏狭な人種差別的傾向とは正反対の価値をもつものである。

世界宥和のシンボルだった世界貿易センター

ドキュメンタリー「映像の世紀バタフライエフェクト　九・一一同時多発テロへの点と線」（NHK）は、九・一一の同時多発テロに至る人物たちや、また建築の革新、旅客機の進歩などがいかに九・一一の事件に集約されていったかという内容だった。アメリカ資本主義の象徴であり続け、九・一一の同時多発テロで崩落した世界貿易センターの建設を推進したのはロックフェラー財閥だった。資本主義の優越性を示したかったロックフェラー財閥は「World Peace through Trade（自由貿易を通じた世界平和）」、つまり自由な貿易こそが世界を豊かにし、平和をもたらすという理念を掲げていた。

サウジアラビアでは石油で得た富で、多くのモダンな建物が建設された。厳格なイスラームの宗教原理に訴えながらもその社会は欧米化され、ある意味でいびつな社会発展を遂げるようになった。建設業でメッカのモスクの改修など宗教的建築の事業を手掛けたムハンマド・ビンラディン（オサマ・ビンラディンの父）はサウジアラビア有数のゼネコンに自社を仕立てていく。

日系二世の建築家ミノル・ヤマサキ（一九一二〜八六年）はダーラン空港、サウジアラビア通貨庁の設計などを任される。彼はアラブ・イスラームの要素を多く採り入れたが、これぞアラブ建築と国王から絶賛されるほど、サウジ社会にふさわしいモダンな建築物をつくり上げていった。これらの建築物には尖塔アーチなどシリアほかアラブ・イスラーム世界で生まれたイスラームの建築様式が随所に見られた。尖塔アーチは、イタリア・アマルフィの大聖堂、ベネツィアのサンマルコ寺院などヨーロッパの著名な建築で使われてきたが、ミノル・ヤマサキはモダニズムとイスラーム建築を融合させることを考えた。

ミノル・ヤマサキはシアトルのスラム街で育ち、差別や偏見と闘いながら世界的な建築家にのし上がり、九・一一で崩落した世界貿易センタービルの設計を行った。一九五〇年代にアジアやヨーロッパを旅行し、イスラーム建築やゴシック建築に接し、数多くの非欧米世界の建築を見聞することになる。ゴシック建築は、十字軍の遠征で結成されたテンプル騎士団や、エルサレムの岩のドームのステンドグラスなどの建築物に接したヨーロッパ人が本国にもち帰り、発展・流行させた様式だった。二〇一九年四月に一部が焼失したフランス・パリのノートルダム大聖堂のツインタワーや尖頭アーチ、バラ窓などの様式は元々中東イスラーム世界にあったものだ。

一九六〇年代以降、ミノル・ヤマサキの建築にはイスラームやゴシック建築に典型的に見られるミナレットが多用されていった。そうした建築物の中にはシアトル万国博覧会の連邦科学館（一九六二年）やノース・ウェスタン・ナショナル生命保険会社（一九六四年、ミネアポリス）、ダハラーン空港（一九六一年）、サウジアラビア金融局本部事務所（一九七八年）、イースタン・プロビンス国際空港（一九八八年）などがあった。

イスラーム建築に感銘を受けたヤマサキは、世界貿易センターの設計でも、その様式を採り入れていくことになる。世界貿易センターの二つのタワーに隣接するプラザはイスラームの聖地メッカに倣った空間をつくることが考えられ、周辺のウォールストリートなどの雑踏からビジネスマンたちが精神的に解放される場所や空間をつくろうとした。プラザにはイスラーム世界では好まれる泉を模した噴水が設置され、広場の中心からは放射線状に広がるアラベスクの模様が描かれていた。

しかし、その世界貿易センターがオサマ・ビンラディンなど過激派の憎悪の対象となり、破壊されることになったことは何とも皮肉なことだった。世界貿易センターでは、一九九三年にも過激派の爆破テロが発生したが、一九九三年のテロの実行犯の一人は「無実の人々や民間人を殺すことをアメリカはテロと呼ぶ。このテロリズムを最初に発明したのはアメリカだ。我々は千年かかってもあの悪魔の塔を倒す」（「映像の世紀」より）と語り、「アメリカのテロリズム」を象徴する建造物となっていた。

ロックフェラー財閥は「自由貿易を通じた世界平和」を訴えたが、アメリカ資本主義の活動は中東イスラーム地域では現地の多くの人々に恩恵をもたらすことなく、また支配層の腐敗を招き、貧困層からは憎悪の対象となっていた。また、アメリカ資本主義がもたらしたアメリカ文化はイスラームの清廉な価値観を損なうものと考えられるようになる。ミノル・ヤマサキは、世界貿易センターは「威厳や誇りを持ちながらもアメリカが信じている人間性や民主主義を象徴するものであるべきです」と述べたが（「映像の世紀」より）、アメリカ資本主義は人権を侵害する独裁的な支配層と結びつくことになり、多くの国民から反発された。それが一九七九年の反米的なイラン革命になったり、アルカイダなどの反米テロとなったりしていった。九・一一から二〇年以上年経ってもアメリカにはなぜ憎まれるかという真摯な検討や反省が見られないように思う。

二〇二三年七月に亡くなった俳優・歌手のジェーン・バーキンが〇二年にリリースしたアルバムのタイトルは「アラベスク」だったが、「アラベスク」はヨーロッパ諸言語で

「アラビア風」を意味する言葉であり、イスラーム美術の装飾文様一般を指す。狭義には装飾化された植物文様のことであり、ギリシア・ローマ文化美術やササン朝ペルシアの文化に起源をもつとされ、一一世紀以降になって北アフリカから中央アジアまでイスラーム地域で広く見られた（『岩波 イスラーム辞典』より）。「コトバンク」などの説明ではアラベスクは「アラビア風の唐草模様」とあるが、唐草模様は日本にシルクロードを通じてもたらされたと考えられている。

ヤマサキは「世界貿易センタービルが世界の国々が貿易を通じて協力していくシンボルになるためにはその姿は威厳や誇りを持ちながらもアメリカが信じている人間性や民主主義を象徴するものであるべきです。単に活動の場になるだけでなく、人々の精神を高揚させ、理想とする社会の実現につながらなくてはなりません」と述べたが、古くから交易によって東西世界を結びつけていたイスラーム文化を想起させる設計は、人類の協力、人間性、多様性を表すことになった。息子のタロー・ヤマサキ（一九四五年生まれ）は「父は、ただお金を稼ぐために働くという考えに大反対でした。自分が恵まれているときは、仲間を助けるためにできるだけのことをするものだと信じていました。私が育った頃、私たちはあまりお金がありませんでしたが、私たちは皆、本当に良い教育を受けてきました。私たち家族は教育と一定の能力をもちましたが、それは私的利益の拡大のためではありません。私たちは真の社会的良心を持って成長しました」と語っている（https://glenarborsun.com/taro-yamasakis-lessons-behind-the-lens/）。

タローはまた「父の建築の根底には常に人の心を気遣う気持ちがありました。父は世界平和を願い、それに向かって努力する人間の象徴となるようあのビルをデザインしました。その精神は今も死んでいないと考えています。世界平和とは何なのか。誰のための平和なのか。そのことを今も問い続けているように思うのです」と語っている（「映像の世紀」より）。ミノル・ヤマサキの建築にはイスラームにもある人間の普遍的価値、利他や平安の理念が貫かれている。

トランプ大統領が嫌ったムスリムがアメリカのワクチン開発を担った

トランプ前大統領は、二〇二〇年五月一五日、年内に新型コロナウイルスのワクチン開発を迅速に行うための「ワープ・スピード（超光速）作戦」を開始することを発表した。約一〇〇億ドル（一兆七〇〇億円）をつぎ込み、年内にもワクチンを手にいれると発表した。この「作戦」を首席顧問として主導したのは、イギリスの製薬大手グラクソ・スミスクラインのワクチン開発のトップだったモンセフ・スラウイ（アラビア語の原音だと「ムンスィフ・スラーウィ」）だ。

スラウイはモロッコのアガジール出身で、一七歳でモロッコを離れてブリュッセル自由大学に進学し、分子微生物学と免疫学で博士号を取得した。博士研究員としてハーバード大学とタフツ大学に勤務した。グラクソ・スミスクラインにはおよそ三〇年間勤務し、二〇〇六年二月に日本人の山田忠孝の後任の研究開発担当チェアマンとなった。

スラウイを補佐してワクチン開発を主導したのは、やはり北アフリカのアルジェリア出身の医学者エリアス・ゼルフーニだった。アルジェ大学で医学博士号を取得して、渡米しジョンズ・ホプキンス大学で放射線診断学の職を得て、二〇〇二年にアメリカ国立保健研究所長となった。

トランプ前大統領は「イスラームは我々を嫌う」などと述べ、就任間もない二〇一七年一月二七日に、外国人による国内でのテロを防ぐため、シリア難民の無期限受け入れ停止やイラクなど最大七カ国出身者の一時的な入国禁止を内容とする大統領令「外国人テロリストのアメリカ入国からの国家保護」に署名し、「シリア国民の難民としての入国はアメリカの国益に有害だと宣言し、入国を停止する」と語った。

これらの七カ国はイラク、シリア、リビア、イエメン、ソマリア、スーダン、イランというずれもムスリムが多数の国で、スーダン、イランを除いてはアメリカが「対テロ戦争」で空爆を行っている国であり、またこれら七カ国はトランプ大統領の企業とはビジネス上の関係がない。スラウィなどの活動を見ればトランプ前大統領の主張する、イスラームは殺人も厭わない宗教などというのがいかに虚構かわかるだろう。皮肉なことに、アメリカをはじめ世界を救ったのはトランプ前大統領が嫌っていたムスリムの医学者たちだった。

三　アラブ・イスラーム世界に共感するラテンアメリカ諸国

パレスチナとの外交関係を樹立するメキシコ

メキシコはアメリカ国務省からパレスチナを国家として認めないようにという圧力があるにもかかわらず、パレスチナとの外交関係がパレスチナ問題の二国家解決に至るプロセスだと考えるようになった。パレスチナは世界で八〇カ国余りに大使館をもっているが、そのうち一二カ国はブラジル、アルゼンチンを含むラテンアメリカ諸国にある。

ロペス・オブラドール大統領の支持母体「共に歴史を作ろう（JHH）」が多数（七〇議席、全議席の五五％）を占めるメキシコ上院は二〇二二年一一月一五日、パレスチナが一九八五年に独立宣言を行った記念日にパレスチナ国家を承認する決議を成立させ、その大使館がメキシコシティに開設されることになった。

オブラドール大統領はイスラエル政府の行為をしばしば批判し、二〇二一年五月のイスラエルによるガザ空爆を国連が調査することを提唱している。この空爆ではUNHCR（国連難民高等弁務官事務所）によれば、一二八人の市民が犠牲になった。

エクトル・ヴァスコンセロス上院対外関係委員長は、自由で独立した、人権が損なわれないパレスチナ国家を見たいと語った。さらにかりにパレスチナ人が国家もなく、人権が侵害されるのであれば、われわれがもつ普遍的な人権概念にも否定的な影響を及ぼすことになると述べた。

多くのメキシコ人たちがパレスチナに同情を寄せるのは、パレスチナ人たちがイスラエルによって人権を侵害されてきたことと無関係ではない。メキシコは一九一〇年から一七年にかけてのメキシコ革命で米海兵隊が軍事介入するなど、イスラエルを支援するアメリカの干渉を受けてきた。

二〇二三年二月にイスラエルがヨルダン川西岸に一〇〇〇戸あまりの住宅を建設する計画を明らかにすると、メキシコはアルゼンチン、ブラジル、チリとともに非難声明を出した。四カ国はイスラエルの措置が国際法や国連安保理決議に違反し、イスラエルとパレスチナが国際的に認められた境界の中で平和に共存して住む合法的な権利を尊重すると述べ、双方に暴力のエスカレーションがないことを求めた。
二〇一四年七月から八月にかけてイスラエルがガザを攻撃するとメキシコシティでは、人々がパブロ・ネルーダ（一九〇四〜七三年）の詩「そのわけを話そう」の一節を叫びながら抗議デモを行った。

悪党どもは　祝福をたれる黒衣の坊主どもを従え
悪党どもは　空の高みからやってきて　子どもたちを殺した
街じゅうに　子どもたちの血が
子どもの血として　素朴に流れた
山犬にさえ侮蔑される　この山犬ども！
（https://www.aljazeera.com/opinions/2014/8/10/solidarity-with-gaza-from-the-mexican-periphery）

パブロ・ネルーダはチリの国民的詩人・外交官・政治家で、スペイン人民戦線とスペイン共和国を支援し、一九七一年にノーベル文学賞を受賞した。二〇二三年二月、ネルーダは従来言われていたようなガンによって亡くなったのではなく、アメリカＣＩＡが支援する一九七三年九月一一日の軍部によるクーデターの後で毒殺されたことが、カナダやデンマークの大学の調査で明らかになった。
ネルーダの長詩「樵夫めざめよ」は以下のように始まる（田村さと子訳）。

アメリカ合衆国よ
もしもおまえが追随者に武器をもたせて
汚れない国境を破壊し　シカゴの牛殺しを連れてきて
おれたちの愛する音楽と秩序を　支配しようとするならば
おれたちは石から　空気から飛び出して　おまえに噛みついてやる
後部の窓から飛び出して　おまえに火を放ってやる
最も深い波から飛び出して　おまえを刺《とげ》で突き刺してやる

パレスチナ問題で、イスラエルが国際法に違反し、そのイスラエルをアメリカが支援することも、メキシコをはじめとする「グローバルサウス」がアメリカを信頼できない要因や背景となっている。メキシコはウクライナに侵攻したロシアへの経済制裁にも参加せず、アメリカとは距離を置くウクライナ政策をとるようになった。

「コロンビアの奇跡」と、社会正義の実現を訴えるペトロ政権

コロンビアでは南部のアマゾン川流域の熱帯雨林で二〇二三年五月一日に小型飛行機が墜落し、子どもたち四人が行方不明になっていたが、コロンビア軍は「希望の作戦」と名づける捜索活動を行い、救助犬なども投入しながら、六月九日、およそ四〇日ぶりに子どもたちを無事発見したことが話題になった。母親など飛行機に同乗していた大人たち三人は五月一六日に死亡が確認されていた。四人の子どもたちは一三歳、九歳、四歳、一歳の兄弟で、子どもたちを発見した軍は「奇跡、奇跡、奇跡だ」と興奮して報告した。

コロンビアでは二〇二二年八月に、一八八六年の共和国成立以来初めてとなるペトロ大統領の左翼政権が誕生した。コロンビア政治は富裕層が支持する自由党と保守党が政権を交互に担ってきたが、左翼政権誕生の背景には貧困層の社会変革への期待があった。貧富の格差の拡大と、貧困が生み出す内戦で経済はますます疲弊し、牧畜業を営んでいた農家がコカ（麻薬のコカインの原料）を栽培するようになる有り様だった。コロンビア革命軍（FARC）は麻薬の栽培、流通に私的な税金を課したり、また強請《ゆす》りや、誘拐で身代金の強要を行ったりしてきたが、コロンビアでは一九六四年から内戦が続き、公式に終結したのはようやく二〇一六年のことだった。

コロンビアでの左翼政権誕生は、中東と同様にラテンアメリカでもアメリカの影響力の退潮を表すものだった。コロンビアでは親米右派政権が続いていたが、二〇二一年にはチリ、ペルー、ホンデュラスで左翼政権が誕生し、これに二〇二二年のコロンビアとブラジルが続き、アメリカのラテンアメリカにおける覇権は大いに動揺するようになった。左翼政権は一様にイスラエルによるパレスチナ人の人権侵害に批判的で、こうしたラテンアメリカの姿勢がイスラエルに対する圧力になることをパレスチナ人たちは期待している。

ペトロ大統領に政治意識が芽生えたのは、一九六七年一〇月にチェ・ゲバラ（一九二八～六七年）がボリビアで殺害されたというニュースに接して父親が涙を流す姿を見た時だったという。マルクス主義の文献などに接しながら、一八歳の時に左翼ゲリラ組織「四月一九日運動（M‐19）」のメンバーとなり、既得権益の打破、自由や人権への抑圧からの解放などを主張するようになった。

ペトロ大統領は、不平等の是正、社会正義の実現などを唱えたが、パレスチナ問題にずっと関心をもち続けてきた。ペトロは、大統領就任以前からパレスチナ人の人権や自由、パレスチナ国家独立を唱えていた。二〇一八年五月には、その年の三月から始まったガザ住民たちの「帰還のための大行進」を支持し、ガザの人々がイスラエル軍に銃撃されて亡くなる事態について、パレスチナ人は虐殺されるべきではなく、イエス・キリストもパレスチナ人で、キリストは人類相互の愛を唱えたとツイッターで主張した。

ボゴタ市長時代には、フェイスブックのページにパレスチナ旗をアップしたこともあり、パレスチナの大義は歴史的に実現すべきものとコメントしている。二〇一九年にはイスラエルのパレスチナ人に対する扱いを、ヒトラーのユダヤ人のそれになぞらえたこともある。ペトロはイスラエル国家とユダヤ教は別のものであり、それはコロンビアとカトリックの信仰が別個のものであるのと同様である、宗教と国家を混同するのは時代遅れの考えだとも述べ、イスラエルで台頭する宗教的極右を暗に批判した。

コロンビアの歴代政権はイスラエルと友好的な関係を結んできたが、この関係にも変化があると見られている。コロンビアのパレスチナ系住民は一〇万人から一二万人と推定され、パレスチナ系社会はペトロ大統領の選出を歓迎した。というのもコロンビアの社会・経済的矛盾の否定的影響を最も被ってきたのは黒人や先住民、またパレスチナ人などのマイノリティー社会だからだ。ペトロ大統領は社会・経済の変革を唱え、またフランシア・マルケス副大統領は黒人女性で初の副大統領で、環境活動家でもある。彼女は右派政権によって無視されてきた人々を支援すると語っている。二〇〇年前にコロンビアが独立してから初めて人民の政府が成立したと彼女は述べた。

二〇一九年以来、コロンビアでは不平等、格差、教育、経済などの問題で政府批判の広範な抗議運動が発生していた。国連は二一年のデモの中で二八人が警察によって射殺されたと述べている。ペトロ大統領は警察制度の改革を唱え、警察の中の暴動対策部隊の解体も唱えた。ペトロ大統領は軍部の既得権益にも批判的で、マルケス副大統領は水銀で河川を汚染する不当な鉱山開発計画にも反対してきた。ペトロ大統領はコロンビアの経済システムは崩壊し、経済はあまりにも石油に依存しすぎていると語り、またアマゾンの熱帯雨林の保護も訴えている。コロンビアは世界でも最も深刻な格差を抱える国と言われている。黒人や先住民社会は深刻な社会的矛盾を被ってきたが、副大統領のマルケス副大統領は構造的人種主義の徹底的解体を唱えた。

「弱者」に心を寄せてきたアルゼンチン――パレスチナ、マラドーナ、ゲバラ、タンゴ

二〇二二年サッカー・ワールドカップのカタール大会でアルゼンチンは優勝したが、アルゼンチン・サッカーのスーパースターであったディエゴ・マラドーナ（一九六〇～二〇二〇年）は、大国の介入主義には常に反対の声を上げていた。ラテンアメリカやグローバルサウスの民族自決を支持し、電気も水道もなかった貧困家庭に育った自らの境遇と世界の貧しい子どもたちのそれを重ね合わせていた。

パレスチナの人々の境遇にも同情し、二〇一四年夏のイスラエルによるガザ攻撃で二〇

〇〇人以上のパレスチナ人たちが犠牲になると、マラドーナは怒りをあらわにして「イスラエルがしていることは恥知らず」と強い怒りや反発の声を上げた。

サッカー・アルゼンチン代表チームは、二〇一八年六月にエルサレムで予定されていたイスラエル代表との試合をキャンセルした。この中止は、イスラエルに対するBDS（ボイコット、投資撤収、制裁）運動にとっては「成功」と受け止められたに違いない。アルゼンチンの代表チームにはスーパースターのリオネル・メッシ選手も参加する予定だったから多くのイスラエル国民の失望をかうことになったに違いない。現に試合のチケットは売り切れとなっていた。アルゼンチン・チームの判断の背景には、公式発表では同年三月三〇日から始まったガザ境界でのデモで一〇〇人以上のパレスチナ人犠牲者が出るなどのパレスチナ・イスラエル情勢の不安定ぶりがあった。アルゼンチン・チームは、ロシアでのワールドカップを前に最後の調整をするはずだった。

ジブリール・ラジューブ・パレスチナ・サッカー協会会長は、アルゼンチンのサッカー協会会長に試合の中止を求めていた。その理由は、親善試合が西エルサレムのテディ・スタジアムで行われる予定であったが、このスタジアムの所在地には一九四八年の第一次中東戦争で破壊されたパレスチナのアル・マールハ村があったこと、イスラエル政府の介入で試合会場が地中海に面したハイファからイスラエルが支配するエルサレムに変更されたこと、さらにイスラエル建国七〇周年を祝う性格があったことなどがある。

サッカーの試合開催地がエルサレムに変更されたのは、イスラエルのミリ・レゲヴ・スポーツ・文化相の意向があり、パレスチナ側はアメリカ大使館がエルサレムに移転されたことに対して強く反発し、開催地の変更に強い反発を感じていた。サーイブ・ウライカート（サエブ・エラカート）PLO事務局長は、アルゼンチン国民とサッカー・チームは、ガザ境界のデモで無辜の市民を殺害するなどイスラエルの国際法違反の行為に対して国際法を支持する姿勢を明らかにし、世界がアメリカのトランプ政権が支持するイスラエルの国家テロ、強奪（占領地における入植地建設）、脅迫に屈しないことを示したと述べた。

同年三月三〇日にイスラエルの狙撃手によって撃たれ、片脚を失ったパレスチナのサッカー選手のムハンマド・ハリール・オベイド選手もメッシ選手に試合をキャンセルするように求めていた。

このサッカー試合の中止は、イスラエル国民に自国政府のパレスチナ政策に国際社会がネガティブに反応していることを確認させたに違いない。

アルゼンチン出身の革命家チェ・ゲバラも一九五九年にガザを訪問し、パレスチナ難民は自らの故地を解放する闘争を継続しなければならない、占領には抵抗しかないと語っている。当時のパレスチナ人から見ればイスラエルの領土はすべて占領地だった。ゲバラは、アル・ブレイジュ難民キャンプの人々の貧困や困難を目の当たりにして、難民を救済するには抵抗運動しかないことを強調した。

アルゼンチンを代表する音楽と舞踏であるタンゴは、コスモポリタンで多様な人々が労働移民で集まったアルゼンチンを発祥の地とする音楽だ。メランコリーな曲調、また人間のノスタルジア、官能、情熱、憤懣などの感情を表している。こうしたタンゴの歴史や背景にもパレスチナのような「弱者」に心を寄せるアルゼンチン市民の心情が表れているような気がしてならない。

タンゴの発祥には様々な説がある。ラテンアメリカ諸国に集められたアフリカの黒人たちの舞踏や音楽であるとか、あるいはスペイン・アラブ・アフリカのダンスの要素を採り入れた「タンゴ・アンダルス（イスラーム・スペイン）」が始まりだとかの諸説があるが、一九世紀にアルゼンチンのブエノスアイレスを中心に生まれたものであることは確かだ。このころのブエノスアイレスはヨーロッパ大陸などから「一攫千金」を夢見て人々が集まる移民の結節点とも言えるところだった。

パンパ（アルゼンチンの大草原）で暮らしていたガウチョ（先住民とスペイン人の混血）は、かれらの村落の祭祀で伝統的に用いられていた民俗詩であるパヤダとともに、都市に移住するようになり、そのパヤダがスペインの舞踏であるハバネラと一八七〇年頃に合体し、キューバに広まったが、船員たちによってアルゼンチンを含むリオ・デ・ラ・プラタ副王領（スペインがラテンアメリカにつくった植民地）に伝えられた。この舞踏は、男性が前進し、女性が後退するというめずらしい歩行のパターンをもっていた。

以上のようにタンゴの発祥にはいろいろな説があるが、ヨーロッパから新たにアルゼンチンに移住してきたイタリア人、フランス人、ハンガリー人、ユダヤ人、スラブ人などの家族は、移民二世や三世の人々に加わり、またパンパでの労働から解放された奴隷たちも暮らすようになった、決して裕福とは言えないブエノスアイレスのアパート街で、それぞれの人々が背負った様々な民族や文化的伝統・要因が混ざり合い、誕生したのがタンゴという音楽や舞踏だった。新たな経済機会を求めてやってきた移民、あるいはそれ以前からアルゼンチンに住む移民二世、三世は生活に幻滅したり、失望したりして、現実から逃避したいという願望をもつようになったが、そうした想いもタンゴの音楽的性格に投影されている。

タンゴで歌われる歌は悲しみや故郷への懐旧などを歌ったメランコリックなものだけでなく、将来への希望や願望も表していた。また、移民先の孤独感や逆境について移民が相互に慰め、励ます性格ももっていた。

タンゴはアルゼンチンの貧しい移民たちの間で生まれ、フルート、ヴァイオリン、ギター、クラリネットなど持ち運びが容易な楽器によって演奏され、演奏者たちは曲を耳で覚えていった。一九世紀後半、スラム街では、ドイツで生まれ、イタリア人によって好まれたバンドネオンがタンゴの演奏に加えられていった。貧困層の間で生まれたタンゴは一九世紀終わりから二〇世紀初めにかけてカフェ、コンサートホールなど専門的な音楽家や舞踏家の間でも演奏され、踊られるようになり、いっそうポピュラーになっていった。

タンゴはアルゼンチンの貧しい階層の間で世界の様々な人々の文化的・音楽的多様性が混ざり合って生まれ、またアルゼンチンの人々のコスモポリタン的な出自や貧困層への同情は、マラドーナのイスラエルへの反発や、革命家ゲバラの思想的背景にもなっている。多様性を重んじる価値観は、マイノリティーを排除するイスラエルなどの硬直的なナショナリズムとは合わないことは確かだといえよう（https://www.artaxmusic.com/tango-history-1800/）。

アルゼンチンの「汚い戦争」とアメリカの介入政策

アルゼンチンの人々が、アメリカが後押しをするイスラエルに反発し、パレスチナに同情するのはこの国に対するアメリカの介入政策とやはり無縁ではないだろう。

サッカーのカタール・ワールドカップでは、フランスとアルゼンチンで決勝戦が行われ、アルゼンチンが優勝した。フランスのサポーターたちは白人、選手のほとんどがアフリカ系移民というところに、フランスの歴史や社会構造の特質を垣間見る想いだった。スタンドの中東の人々の多くは、中東地域をイギリスとともに分割したフランスではなく、アルゼンチンに声援を送っているように見え、ワールドカップにも世界史の展開が投影されているようだった。

アルゼンチンは一六世紀にスペイン領となり、北西部から植民が進められた。一七世紀に入ると、港町ブエノスアイレスを中心に発達した。現地人は一八一〇年に独立運動を起こして、一八一六年にラ・プラタ連邦の独立を宣言した。一八五三年にアルゼンチン憲法が制定され国内統一が固まり経済発展が見られた。一九世紀になると、農牧業を中心とするモノカルチャー経済で世界から多くの移民を集め、ブエノスアイレスは「南米のパリ」とも形容されるようになった。一九一四年には国民の三〇%が外国出身者となり、特にブエノスアイレスでは人口の五〇%は外国出身者だったが、地方ではヨーロッパ出身者はカタマルカ州やラ・リオハ州（北西部）で二%と少なかった。一九世紀、二〇世紀の移民はイタリア、スペインからの人々が圧倒的に多く、現在人口の六〇%はイタリア、スペイン系の人々によって構成されている。

二〇世紀に入ると、労働者階級が台頭して、イサベル・ペロン大統領は労働者階級の支持を得て独裁政治を行った（一九四六〜五五年）。これ以降、ラテンアメリカに位置するアルゼンチンもアメリカの介入政策を免れることができなかった。

一九七六年から八三年の間はアルゼンチンでは「汚い戦争」と呼ばれる時期で、一万人から三万人もの市民が殺害されたと見積もられている。彼らは当局によって拘束され、そのまま消息が不明となった。一九七六年三月にホルヘ・ラファエル・ビデラ将軍がクーデターを起こして、ペロン大統領の政府を打倒した。ビデラは秘密の強制収容所を全土に設立し、労働組合を閉鎖し、地方行政府を軍部の統制の下に置いた。

軍政の新外務大臣セザール・グゼッティ提督は、アメリカのヘンリー・キッシンジャー国務長官に、軍は「テロリスト」を積極的に取り締まっていると語ると、キッシンジャーはこれに対し、「やらなければならないことがあれば、すぐにやらなければならない」と答えた。これがアルゼンチンの軍事政権による左翼勢力の弾圧にアメリカがゴーサインを出したものと見なされた。

アルゼンチンはアメリカが組織したアルゼンチン、ボリビア、ブラジル、チリ、パラグアイ、ウルグアイの独裁制同盟の中心だった。ラテンアメリカに共産主義が広がるのを恐れて、アメリカのフォード政権は右翼軍事政権に対して、暴動への対処法や資金、さらには情報などの支援を与えていった。アメリカの支援を受けてアルゼンチンの軍事政権は左翼、反政府活動家、組合の指導者など軍政にとって脅威と感ぜられる人々を誘拐し、拷問にかけた。中には生きたまま飛行機から落とされたり、集団墓地に遺体が大量に放棄されたりすることもあった。また、出産後に殺害され、その子どもは子どもがいない将軍の家庭に引き取られる場合もあった。

一九七六年に駐アルゼンチンのロバート・ヒル・アメリカ大使は軍事政権に拘束されている人々を数千人と見積もり、ハリー・シュロードマン国務次官補は一九七六年にキッシンジャー国務長官に「アルゼンチンの治安部隊は完全に制御不能だ」と語っている。

軍政が終わった後、一九八三年に選出されたラウル・アルフォンシン大統領は調査委員会を立ち上げたが、その報告によれば、アルゼンチン国内には三四〇の強制収容所があり、八六九〇人が行方不明になった。

一九八一年にクーデターでヒデラ将軍を失脚させたレオポルド・ガルチェリ大統領は、イギリスが支配していたアルゼンチン沖のマルビネス諸島（フォークランド諸島）の領有問題をクローズアップした。マルビネス諸島はイギリスが一八三三年に無血占領した地域で、イギリスが実効支配していたが、一八一六年にアルゼンチンが独立すると、マルビネス諸島の領有を要求するようになっていた。一九八二年四月、アルゼンチン軍はマルビネス諸島に侵攻、占領したが、イギリスのサッチャー政権は五月にこれを武力で奪還した。

アメリカはイギリス、アルゼンチンともに、反共の同盟国として必要であったが、レーガン政権は次第にイギリス寄りの姿勢を鮮明にしていった。一九八二年六月上旬の国連による即時停戦案に、アメリカはイギリスとともに拒否権を行使して否決させた。日本の鈴木善幸政権は賛成に回りサッチャー首相を激怒させた。日本は人命を尊重した合理的判断を下したように思われたが、それで日本とイギリスの関係が壊れることはなかったことは日本外交に教訓を与えるものでもある。合理的な姿勢こそが世界から共感や尊敬をもたれることになるが、アメリカのラテンアメリカとパレスチナ政策は正当性を欠いたもので、国民を弾圧していたアルゼンチンの軍政をアメリカは後押しし、また国際法を破り、パレスチナ人を抑圧するイスラエルを支援する。アルゼンチンなどラテンアメリカ諸国の人々は自らの姿と、パレスチナ人のそれを重ね合わせているだろう。

アルゼンチンでは二〇二二年一一月、ブエノスアイレス州にあるサンタ・クララ・デル・マール市の一つの通りの名前を「パレスチナ通り」と改名した。アルゼンチンは二〇一〇年一二月に、一九六七年の第三次中東戦争以前の境界に基づくパレスチナ国家を承認した国でもある。

アメリカは太平洋戦争が始まると、アルゼンチンに日本など枢軸国に対する宣戦布告をしたり、アルゼンチン国内の日系人をアメリカの強制収容所に移送するように圧力をかけたが、アルゼンチンが拒否すると、両国関係は緊張した。有名なミュージカル「エビータ」は、アルゼンチンのファン・ペロン大統領（一八九五〜一九七四年）の妻エバ・ペロン（一九一九〜五二年）の半生を描いたものだ。彼女は「エバ・ペロン財団」を設立し、労働者や貧困層に食料や衣類を配布するなど慈善事業に力を入れて、ファーストレディとして絶大な人気を博し、夫のペロン大統領の体制を支えた。「エビータ」は彼女の愛称である。エバ・ペロン財団の救貧物資は戦後の日本にも送られたが、エバ・ペロン財団が広島の復興と平和を願って種子として贈られたアメリカデイゴの木は、広島市平和通りの鶴見大橋の西詰にある。ファン・ペロンやエビータが日本に同情を寄せたのは日本と敵対するように圧力をかけたアメリカの干渉政治への反発もあっただろうが、同様なメンタリティーはパレスチナを支援するアルゼンチンの人々に広く受け継がれている。

「自由の戦士は大地から生まれる」——ネルーダの詩とパレスチナに大使館を設けるチリ

二〇二二年一二月二四日、チリの若いガブリエル・ボリッチ大統領（一九八六年生まれ）は、チリのパレスチナ・コミュニティーとクリスマスを祝うイベントの中で、チリがパレスチナに大使館を開設する予定であることを明らかにした。スピーチの中でボリッチ大統領はパレスチナがグーグルマップなど世界地図の中にはないものの、パレスチナ人たちは現に存在し、抵抗を行い、また彼らには独自の歴史があることを強調した。

これに応えてチリのパレスチナ・コミュニティー代表のモーリス・ハーミス・マッスは、この決定が残酷な占領や戦争犯罪、アパルトヘイトの下に置かれるパレスチナ人たちにとって希望のメッセージになると語った。日本をはじめパレスチナに政府代表事務所をもつ国は少なからずあるが、公式な大使館はベネズエラ、オマーン、チュニジアなどごくわずかだ。

チリにはパレスチナ以外では最大のパレスチナ人コミュニティーがあり、およそ五〇万人が暮らしている（世界全体のパレスチナ人人口は一八〇〇万人ぐらい）。チリのパレスチナ系住民の大半がキリスト生誕の地ベツレヘム周辺にルーツをもつクリスチャンたちで、一九世紀後半のオスマン帝国の兵役義務、混乱による物資不足、伝染病などから逃れた人々の子孫などだ。一九世紀後半、オスマン帝国ではロシアとのクリミア戦争（一八五三～五六年）や露土戦争（一八七七～七八年）など、大規模で悲惨な戦争が相次いだ。オリーブの木細工、螺鈿《らでん》細工、ベツレヘム・ストーンなどベツレヘムの特産品がラテンアメリカで売られるようになり、パレスチナ人たちは戦乱を避け、新たな生活に希望を求めてチリなどラテンアメリカに移住していった。

ボリッチ大統領はゴラン高原やヨルダン川西岸の占領地で生産されるイスラエルの物品

のボイコットも呼びかけてパレスチナ人の人権擁護を訴え、テレビなどでもイスラエルを「虐殺・殺人国家」など激しいレトリックで批判してきた。また、イスラエルが観光PRで、国際法上はパレスチナに属す東エルサレムやベツレヘムの画像を使うことにも強く抗議している。

すべての花を刈ることはできても、春が来るのは止められない

——パブロ・ネルーダ

この木を見よ
ざわめく自由の木　人民の木を
木の葉が樹液から湧き出るように
自由の戦士は大地から生まれる
風が吹けばざわめき
熟れた種子は再び大地にかえる

（ネルーダ、大島博光訳「自由の木」）

パレスチナに大使館を設けるというボリッチ大統領の決定は、イスラエルでパレスチナ人の徹底的な排斥を唱え、イスラームの聖地ですらユダヤ化を進めようとするイスラエルの極右政党が政権に入る中で、ボリッチ大統領の正義への熱情や大使館設置の措置はパレスチナ人たちにとって心強い支援になっていることだろう。ネルーダの詩に描かれるように、イスラエルが力でいくらパレスチナ人を抑圧しても、若い世代の抵抗の力は生まれてくる。イスラエルに求められているのは、国際法に基づく公正な措置で、それができなければいつまでたっても、パレスチナ人たちの暴力や報復に恐れおののく国家であり続ける。

チリにはネルーダの他にもう一人ノーベル文学賞受賞者の詩人ガブリエラ・ミストラル（一八八九～一九五七年）がいる。彼女の詩には「我が友よ！　憤怒しよう。平和主義とは誰かが信じるような甘いジャムなぞではない。憤りは私達を静かにさせておかない。激しい信念を私達にうえつける。私達が今いるその場所で〝平和〟を唱えよう。どこへ行こうと唱えよう。その輪がふくらむまで。風に、海に向かって平和を唱えよう」（芳田悠三『ガブリエラ・ミストラル』ＪＩＣＣ出版局、一九八九年）というものがある。

「分けあう」という有名な詩で彼女はこう書いている。

もしもほかのひとが自分の腕を
ばらばらに　もぎとられたなら
どうか　わたしの腕を取って下さい
その渇き　飢えがわたしに分かるように

イスラエルでネタニヤフ政権が復活し、パレスチナ人の徹底的排除を唱え、エルサレムのイスラームの聖地ですらユダヤ化しようとする人種主義政党が政権に入る中で求められるのは、ボリッチ大統領のような支援やミストラルのような弱者に寄り添う姿勢や心情だろう。

母よ、私はもうここにいます
あなたの足元に私の心を残します
あなたなしの人生は悲しく
苦しみは長く、痛みは終わることがありません
（ガブリエラ・ミストラル「聖母マリアに捧げる詩」）

ガブリエラ・ミストラルの詩に描かれるような弱者に対する同情の想いこそがパレスチナの公正に欠ける現状を変える力をもっている。一九七三年九月一一日にアメリカCIAの後押ししたクーデターで成立したピノチェト将軍の政権は一七年間統治を行い、チリではその統治下で三二〇〇人の人々が殺害されるか、行方不明となった。ピノチェト政権下では、拷問は日常茶飯事となり、二万八〇〇〇人が拷問による取り調べを受けたとされる。

両親がピノチェト政権によって殺害され、一九七四年にチリからイスラエルに移住したリリー・トラウブマンさんは、チリでの九・一一のクーデターにイスラエル政府が関与したのではないかと訴え続けている（イスラエルの「ハアレツ」紙二〇一五年一一月五日付。記事掲載当時六〇歳）。九月一一日はアメリカの同時多発テロが二〇〇一年に起きた日でもあったが、チリでは暗黒の歴史が始まった日であった。しかし、世界の注意や記憶はチリの九・一一に向かうことはあまりない。アメリカ政府はアジェンデ政権打倒のクーデターに関する文書をすでに公開したが、イスラエルはクーデターに関する一万九〇〇〇ページにも上る文書の公開をかたくなに拒んでいる。トラウブマンさんはイスラエル国籍をもっているが、自国民になった人々への人権侵害にまでイスラエル政府は口をつぐんだ。

イスラエルとチリの関係は、ピノチェト独裁時代に進み、イスラエルはチリに武器を売却し、トラウブマンさんの言葉を借りれば、人権を抑圧したチリ警察や軍の装備はすべてイスラエル製というほど、イスラエル製の武器や監視システムがチリの独裁体制を支えていた。イスラエルが武器売却について何も政治的条件を付けないことも独裁体制にとっては都合のよいことだった。一九七〇年代から八〇年代にかけてのイツハク・ラビン、メナヘム・ベギン、イツハク・シャミル、シモン・ペレス時代に、ピノチェト政権と良好な関係を築き、一九七八年にモルデチャイ・グル陸軍参謀長、また八二年にデヴィッド・レヴィ副首相がチリを訪問してピノチェト大統領と会談を行った（「ハアレツ」一五年一一月五日付）。アメリカと中南米の独裁体制の緊密な関係は国際社会で孤立するイスラエルにとっては好都合で、イスラエルの兵器の性能はガザ攻撃などで実証され、それが中南米の独裁政権に移転された。こうしたイスラエルとラテンアメリカの「黒い過去」もラテンアメリカの人々のパレスチナ人に対する同情に向かっていることは間違いないだろう。

「アメリカのイスラーム観」を振り返る――おわりに

二〇五〇年までにアメリカのムスリム人口は八一〇万人、全人口の二・一％にまで増加することが予想されている（ピューリサーチセンター）。また、CNNは二〇四〇年までにイスラームがアメリカでキリスト教に次いで二番目に多い宗教人口になることを予測した（二〇一八年一月一〇日）。数の上ではクリスチャンに比べればはるかに少ないと言えるが、一般にイスラームの家庭では子沢山を美徳とするところがあり、また移民によってもムスリム人口は増えていくに違いない。トランプ前大統領のイスラーム系諸国からの入国禁止措置もアメリカ社会の性格が変わるという彼の危機感を背景にするものだったのだろう。アメリカのムスリムの政治的・社会的役割が変わりつつあるのは、上院や下院でムスリムの議員が次第に増えていることからもうかがえる。これらのムスリム議員たちはいずれも若くて意欲的な公約を掲げ、人々を引きつけている。

二〇二一年にアフガニスタンから撤退したアメリカは、次第に中東イスラーム世界での影響力を喪失しつつあるように見える。トランプ政権時代にエルサレムをイスラエルの首都と認めたことは、イスラーム諸国の政府レベルはともかく大衆、国民レベルではアメリカへの信頼を失わせることになったに違いない。中国は、アメリカの関心が東アジアに移行したこともあって、アメリカに代わって中東イスラーム世界での影響力を増大させつつある。イスラーム世界の側からのアメリカに対する不信感が対テロ戦争を経て中国への接近をもたらしているかのようだ。イスラーム世界の側でもアメリカ最大の同盟国であったサウジアラビアにもアメリカ離れが目立つようになった。最後にアメリカ・イスラーム関係を軸に変容するアメリカ社会や中東イスラーム世界の政治の現況を検討したい。

アメリカ社会に新しい風を吹き込むムスリム市民たち

二〇一七年にトランプ前大統領は、イスラーム系諸国からの入国禁止令の大統領令に署名したが、これにアメリカ国内のムスリムたちが「人種差別」と反発したことは言うまでもない。トランプの再選がならなかったのも、アメリカのムスリム・コミュニティーから嫌悪されたことが一つの要因としてあるだろう。

ミシガン州のディアボーン市は人口が一〇万人近くの都市だが、ここにはイスラミック・センター・オブ・アメリカが置かれるなど、アラブ・イスラーム系人口の増加が顕著に見られ、アメリカの「ムスリム市民の首都」とも表現されるところだ。白人人口が市の過半数を占めるものの、二〇二〇年の大統領選挙ではバイデンが三万一七八対一万三三二九でトランプに勝利した。この勝利の背景にはアラブやムスリム市民の意向が反映されていることは間違いない。

こうした傾向は、ディアボーン市よりムスリム系住民が多いミシガン州の他の都市でも顕著に見られ、ハムトラムクの人口は三万人弱で、人口の過半数がムスリムのアメリカ唯一の都市だが、バイデンが六六五一対一〇六三で圧勝した。

トランプ前大統領は、二〇一六年の選挙では、ミシガン州を制したが、バイデンがイスラーム系諸国の入国禁止やサウジアラビアによるイエメン空爆への支援の撤回を公約したことで、ムスリム・アメリカ人たちの圧倒的な票がバイデンに流れた。ミシガン州は大統領選の趨勢を左右したスイング・ステート（激戦区）だったが、ミシガン州のムスリムたちの投票行動も大統領選のキャスティングボートを握るものだった。

ミシガン州のムスリムたちは民主党候補の指名争いではバーニー・サンダースを支持していた。サンダースは、現在のイスラエル・ネタニヤフ政権を「人種主義」「極右」と非難し、ガザの七〇％の人々が失業している現実を捉えながら、イスラエル・パレスチナ双方とも正義の下に置かれなければならないなど、パレスチナ人に強い同情を示す主張を行っていた。今後ムスリムたちが継続して民主党を支持するかは、バイデンなど民主党大統領たちの対パレスチナ政策もカギとなることだろう。

また、二〇二〇年、インディアナ州議会上院選挙でもパレスチナ系市民が初めて当選した。パレスチナ・ヨルダン川西岸に生まれたファーディ・カドゥーラは、一九歳の時にコンピューター・サイエンスを学ぶために渡米し、二〇二〇年の上院議員選挙で共和党の現職ジョン・ラッケルズハウスに勝利した。トランプ大統領は、再選カードとしてムスリムやイスラームを敵視する政策を強調したが、この政策はインディアナ州でも民意には通用せず、カドゥーラは五二％の得票で、四八％のラッケルズハウスに勝利した。カドゥーラの選出は、トランプ大統領の発想とは正反対の、移民に寛容なアメリカ社会の特質や伝統を表している。

さらに、二〇二二年一一月のアメリカの中間選挙ではアラブ系アメリカ人の躍進が目立った。ラシーダ・トレイブ下院議員（一九七六年生まれ）はミシガン州で七三・三％の得票で再選された。パレスチナ系のルワ・ロッマン（一九九三年生まれ）がジョージア州の下院議員、パレスチナ系のアブデルナセル・ラシード（一九八九年生まれ）がイリノイ州の下院議員に新たに選出され、またソマリア人の難民だったイルハン・オマル議員（一九八二年生まれ）はミネソタ州で七五・二％の投票を得て再選された。オマル議員は「ミネソタ州では難民を歓迎するだけでなく、議会に送り返した」と述べた。

パレスチナ系アメリカ人の躍進について「パレスチナ系アメリカ人評議会」のマーヘル・アブデル・カーデル議長は、「パレスチナの若者の勝利は、候補者を支援するために何十人ものコミュニティーリーダーによって行われたたゆまぬ努力の成果です。選挙キャンペーンに真摯に取り組み、財政的に支援することによって、アメリカのパレスチナ人コミュニティーとパレスチナの問題を支援する候補者たちが選挙戦に勝利することに十分な準備を行ったために得た結果です」と述べた（「ミドルイースト・モニター」より）。パレスチナ系議員たちが増えたことはアメリカのパレスチナ政策にも肯定的変化があるかもしれない。トレイブ議員はこれまで唯一のパレスチナ系議員としてイスラエルのアパルトヘイト政策を厳しく批判してきた。

バイデン大統領は、トランプ前大統領が制定したムスリムが多数を占める一部諸国からの渡航・移民規制を解除する大統領令に署名した。トランプ前大統領の措置は、彼のイスラームフォビアや特定の宗教への差別を表しているかのようだったが、アメリカではアラブ人移民たちが政治や社会に少なからぬ貢献をしてきたことは、アメリカ人たちに意識されているに違いない。

アメリカの若年層に広がるパレスチナ支持

二〇二一年五月一八日、バイデン大統領がミシガン州ディアボーンのフォードの工場を訪問すると、数千人とも見られる大統領への抗議デモが繰り広げられた。バイデン大統領が、イスラエルがガザ攻撃を行っている最中に、七億三五〇〇万ドルのイスラエルへの武器売却を明らかにし、またアメリカはイスラエルに対して毎年三八億ドルの無条件での軍事支援を行っていたからだ。

バイデン大統領はイスラエルには自衛の権利があると語ったが、パレスチナ人に自衛の権利があるとか、あるいはイスラエルの攻撃に対する相応の反撃を行う権利があるとかについては語らなかった。バイデン大統領はイスラエルの軍事攻撃が不均衡であると判断したくないと、ホワイトハウスのサキ報道官は語った。

ディアボーンのデモにはムスリムや、パレスチナ系アメリカ人だけが参加していたわけではなく、環境問題に取り組む若者主導の「サンライズ・ムーヴメント」などの組織も参加していた。アメリカでは同年五月一四日にバイデン大統領にイスラエルによる不均衡な軍事攻撃を非難することを求める声明に、一〇〇以上の組織が署名を行った。

アメリカの調査会社モーニングコンサルトとアメリカの政治関連メディア・ポリティコ

が同年五月一四日から一七日にかけて行った世論調査では、一九九七年から二〇一二年の間に生まれた世代の二三％がパレスチナに共感すると回答し、イスラエルと答えた一三％を大きく上回った。

アメリカでのイスラエル抗議活動は地域的にも広がり、ワシントン、ディアボーン、ダラス、サクラメント、フィラデルフィア、ニューオーリンズなどの都市でも規模の大きなイスラエル抗議デモが行われた。ソーシャルネットを通じて伝えられるガザ攻撃の様子は、人種差別に抗議する「ブラック・ライヴズ・マター（BLM）」の活動家たちの共感を得るようになっていた。さらに、イスラエルとハマスの停戦が成立した後もアル・アクサー・モスクの周辺で、イスラエルの治安部隊によって、パレスチナ人たちが催涙ガスや閃光弾などで制圧される様子が報じられると、イスラエルの力による支配に対する反発がいっそう強まることになった。

二〇二一年五月のイスラエルとパレスチナの衝突は「暴力の応酬」などの表現が一部メディアに現れたが、これはイスラエルが占領地である東エルサレム・シェイク・ジャッラ地区のパレスチナ人に立ち退き命令を出したことを契機としていた。イスラエルは東エルサレムのパレスチナ住民たちを強制排除し、エルサレムの実効支配を一段と進めることを意図している。占領地住民の財産を奪うことは国際法に反する行為で、国連人権理事会も

「戦争犯罪」と断じた。国連によれば、イスラエルのガザ攻撃によって五万二〇〇〇人のパレスチナ人が避難を余儀なくされた。

シェイク・ジャッラから立ち退きを命じられた住民で、作家・詩人でもあるモハメド・エル・クルドは、ツイッターでイスラエルの措置を「民族浄化」と訴えた。彼のツイッターは一四万四〇〇〇人のフォロワーをもっており、国際的な注目を集め、彼はCNNにも登場した。しかし、CNNに出演してから二四時間も経たないうちにイスラエル軍によって逮捕・拘束されると、フォロワーたちは混乱し、強く反発したが、間もなく釈放されている。五月一二日にはBLMとパレスチナの連帯を訴えるズーム・ミーティングに参加した。

アメリカ社会でもイスラエル批判が次第にタブーとならなくなっている。アップルやグーグルの職員たちの一部は、会社にパレスチナにより貢献するよう要求し、イスラエルの占領が不当なものであることを認めるように訴えた。マーク・ラファロ、ヴィオラ・デイヴィス、スーザン・サランドン、ゼイン・マリク、ザ・ウィークエンドなどの著名人もパレスチナへの支持や共感を訴えている。また、「ヒューマン・ライツ・ウォッチ」など国際的人権団体、イスラエルの人権団体ベツェレム（B' Tselem）もイスラエルのアパルトヘイトを告発し続けている。

アメリカ社会で高まるパレスチナへの共感の声がアメリカ政府のイスラエル・パレスチ

ナ政策に肯定的な影響を及ぼすことを、パレスチナやアラブ世界の多くの人々が願っていることは間違いない。アメリカの公正な中東イスラーム政策こそがこの地域の安定に寄与することになることは明らかで、イスラエルで人種差別的な政党が台頭するようになった現在、アメリカの責任はいっそう重大となっている（https://time.com/6050422/pro-palestinian-support/, https://www.vox.com/world/2018/4/23/17270180/natalie-portman-israel-boycott）。

テロリストのリーダーを殺害してもテロを止めることはできない

アメリカはイスラーム世界の過激派に対して、「対テロ戦争」のように、武力で制圧することを優先している。それはイスラエルがパレスチナのハマスなどの武装集団を空爆などで封じようとしていることと同様だが、武力一辺倒の過激派対策がアメリカの安全保障に役立つとは思われない。

バイデン大統領は二〇二二年八月一日、アルカイダのナンバー2だったアイマン・ザワーヒリー（ザワヒリ）容疑者を殺害したと発表した。バイデンは「正義は実現された。テロリストのリーダーはもういない」と語ったが、アメリカがテロを軍事力で制圧しようと考えている限り、アメリカに対する怨念を抱くテロリストの指導者は今後も続々と現れるに違いない。

二〇〇一年の九・一一の同時多発テロ事件が起きた直後、アメリカの歌手ピート・シーガーは「悼みと癒しの時（A time to mourn, a time to heal）」という文章を書き、広島・長崎への原爆投下はテロ行為と述べた。広島・長崎は軍事目標ではなく、日本を降伏させるためのものだったと語っている。アメリカや米軍は長い間テロ行為である戦争を行ってきて、現代はより多くのテロリズムがあるとシーガーは語っていた。シーガーによれば、九・一一のようなテロリズムは人々に戦争を止めなければならないことを教え、大規模なテロを受けて平和を愛する人々がこれまで以上に増えていると彼は観察していた。この文章で訴えられているのは、爆弾でテロを抑制しようとすればするほど、テロリズムを増殖させることになるというものだが、その意味で彼はアメリカの理性的で、ヒューマンな声を代弁していた（http://www.littlemag.com/sep-oct01/seeger.html）。

対テロ戦争で、テロは抑制されるどころか、大規模なテロはイラク戦争などでイスラームに軍事干渉を行ったヨーロッパ諸国に広がり、スペイン・マドリード（二〇〇四年三月一一日、一九一人死亡）、イギリス・ロンドン（二〇〇五年七月七日、五六人死亡）、フランス・パリ（二〇一五年一一月一三日、一三〇人死亡）などヨーロッパの主要都市で大規模テロが発生し、世界を震撼させた。

イギリスではチャールズ国王が九・一一の同時多発テロを起こしたとされるオサマ・ビ

ンラディン容疑者の家族から二〇一三年に一〇〇万ポンド（約一億六〇〇〇万円）の寄付金を受け取ったことが問題になったことがあるが、ピート・シーガーのように考えれば、イギリスもアメリカと同様に大規模なテロを行ってきた国だ。イギリスはそのインド支配で三五〇〇万人のインド人を殺害した（"Britain is responsible for deaths of 35 million Indians, says acclaimed author Shashi Tharoor," *INDEPENDENT*, Monday 13 March 2017）。

バイデン大統領は「正義」は実現されたと語ったが、反米テロはアメリカの不正義に対する反発から起きている。アメリカはイスラエルの占領は黙認する一方で、サダム・フセインのクウェート侵攻やプーチンのロシアによるウクライナ侵攻には容赦しない姿勢を見せた。こうしたアメリカの二重基準は中東イスラーム世界の人々からは「不正義」なものと見なされ、反発されている。ロシアのウクライナ侵攻後の欧米諸国のロシア非難や対ロシア制裁に中東諸国政府が冷めた対応をする要因の一つには、アメリカなど欧米諸国の「二重基準」にしらけていることがある。

アメリカなど欧米諸国がテロを爆弾で封じ込めようとすればするほど、テロで報復を考える勢力は現れ、その形態もますます過激になり、生物・化学兵器など大量破壊兵器を用いる可能性すらある。ピート・シーガーが言うように人類がその生き残りを考えるならば、暴力の連鎖はどこかで断ち切らなければならない。

また、「テロリスト」の主張を理解しなければテロのない世界を実現することはできない。一九九〇年代、アメリカ国務省を訪ねた時、官僚たちはテロ対策として中東イスラーム世界の福利の向上を考えていない様子で、驚いたことがある。彼らがテロ対策として優先していたのは、テロリストに関する情報の蒐集や軍事的制圧だった。日本はＪＩＣＡ（国際協力機構）やアフガニスタンで活動した中村哲医師のように、様々なＮＧＯ（非政府組織）が教育や医療などの生活支援を中東イスラーム世界に対して行ってきた。アメリカの対テロ対策に求められているのは日本のような民生支援だが、アメリカの政府指導者たちがそれに気づく様子がいっこうに見られないのは、兵器で利益を得ようとする軍需産業の意向や、第一次、第二次世界大戦やベトナム戦争など力で敵をねじ伏せてきたアメリカの政治的伝統やメンタリティーがあるに違いない。

アメリカ——陰る中東イスラーム世界での影響力

しかし、武力でイスラーム世界に介入してきたアメリカの政策は、特に米軍がアフガニスタンから撤退してから陰りを見せるようになっている。

二〇二二年七月、バイデン大統領が就任後初めての中東訪問を行い、イスラエル、サウジアラビアで首脳会談を行った。サウジアラビアのムハンマド皇太子は、二〇一八年のトルコ・イスタンブールでのカショギ記者殺害でバイデン大統領から強い批判を浴び、サウジアラビアを世界ののけ者にするとまで発言されたが、バイデン大統領と直接の会談を実現し、サウジアラビア国内向けには、アメリカと政治的には対等か、あるいは優位な立場であるということを印象づけることができた。

この会談でバイデン大統領とムハンマド皇太子が拳と拳を突き合わせたことはアメリカとサウジアラビアの関係改善をアピールするものでもあったが、カショギ記者殺害への関与など、人権を侵害するムハンマド皇太子との親密なふるまいは国際的な人権団体などから非難の声が上がった。ロシアのウクライナ侵攻で石油価格が上昇したことは、サウジアラビアの政治的立場を強化することにもなった。新型コロナウイルスで経済活動が低下し、石油への需要が大きく減少していた時期とはアメリカとサウジアラビアの立場は逆転したかのようだ。

同じ中東訪問でバイデン大統領はイスラエルのラピド首相との会談ではイスラエルの安全保障に関わっていく姿勢を強調したが、トランプ政権時代のアメリカ大使館のエルサレム移転や、ゴラン高原に対するイスラエルの主権を認めたこと、またヨルダン川西岸や東エルサレムでの入植地拡大などについて、それらを修正する姿勢はほとんど見られていない。バイデン大統領に、イスラエルやサウジアラビアが警戒するイランに接近する姿勢やイラン核合意に復帰する決意が感ぜられないことも、イスラエルやサウジアラビアにとっては好都合なことだった。バイデン政権がロシアのウクライナ侵攻を強く非難し、ウクライナに武器を供与する一方で、イスラエルの占領政策を黙認することは、繰り返すがアメリカの二重基準、不公正と見られ、アメリカの中東地域での影響力を低下させることになっている。

ムハンマド皇太子は、サウジアラビア王室の中でも最も影響力が強いスダイリー家の出身だ。現在のサウジアラビア王国のアブドゥルアジーズ初代国王の八人目の妻のハッサ王女の生家がスダイリー家で、ハッサ王女は初代国王の寵愛が篤かった。その七人の子どもたちを「スダイリー・セブン」とも呼び、皆国王や皇太子など要職に就いてきた。現在のサルマン国王もこのスダイリー・セブンの一人であり、ムハンマド皇太子はサルマン国王の愛息ということになる。二〇一七年一一月には反腐敗を名目に王子ら一一人の王族などを逮捕・拘束して一一兆円を回収し、ムハンマド皇太子の権力が強化された。このように、既得権益に切り込み、腐敗の構造にメスを入れて国民の支持を得ている。

ムハンマド皇太子は公立学校の授業に女子生徒にも体育を採用し、女性のスポーツ観戦の許可、女性の運転を解禁し、男性親族の後見人を伴わない女性の海外渡航を認め、また女性の国軍への入隊を認めた。女性の社会進出はムハンマド皇太子が主導するサウジの発展計画「ビジョン二〇三〇」の成果と喧伝された。王族の贅沢を戒めるムハンマド皇太子だが、ロシアのオリガルヒ（新興財閥）から六二五億円のヨットを、また二〇一五年にはパリ郊外に三三七億円もする別荘を購入した。レオナルド・ダ・ヴィンチの「サルバトール・ムンディ（救世主）」を、およそ五一〇億円で落札したりしている（いずれも当時のレートによる）。サウジアラビアの王族の中にも経済格差があり、初代国王の子どもたちは月額三〇〇〇万円が支給されるのに対して、遠戚の場合は月額一〇万円ということもある。

ウクライナに侵攻するロシアを批判する一方で、イスラエルの占領を黙認するバイデン大統領と、他の王族の贅沢や腐敗を摘発しながら自らの贅沢は許容するムハンマド皇太子は、ともに自己矛盾という点で共通点があるように見える。バイデン政権に求められているアメリカがとるべき中東戦略とは、パレスチナ問題で公平な姿勢を見せてイスラエル・パレスチナが共存できるような環境をつくること、またイラン核合意を再建してイラン石油を国際市場に復帰させることだ。イラン石油の国際市場への復帰は世界の石油価格を五％から一〇％下落させるという見積もりもある。イランをあまりに排除すれば、イランはますますロシアや中国に接近することになる。イランと関係修復する前向きな姿勢は、老齢のバイデン大統領にはほとんど見られることがなかった。

アメリカを慌てさせるほどの繁栄?——サウジアラビア

二〇二三年夏のガソリン価格の高騰は、サウジアラビアが石油価格を下支えするために一日あたり一〇〇万バレルの減産に踏み切ったことなどが要因として大きかった。ニューヨーク原油市場で世界的な取引価格の目安となるWTIの先物価格は二三年前半に一バレル七〇ドルを割り込んでいたが、サウジアラビアが減産に転じた同年七月から上昇傾向になり、八月中旬は八〇ドル台にまで上がっている。日本ではガソリン価格が一リットル二〇〇円にまで上昇するという可能性が指摘されるようになった。

サウジアラビアは二〇二三年八月上旬、ウクライナの和平会議を開催し、さらにロナウド、ネイマール、サラーなどのサッカーのスーパースターたちがサウジアラビアのクラブ・チームと年俸三〇〇億円を超える大型契約を結ぶようになった。サウジアラビアが大物選手を資金力に任せて「サウジ・プロフェッショナルリーグ」に集めているためにヨーロッパのリーグが面白くなくなるという懸念の声も上がるほどだ。

サウジアラビアはメッカ、メディナというイスラームの聖地を抱えているが、七世紀に誕生し、オスマン帝国時代まで享受した中世のイスラーム世界の繁栄が、イスラーム世界を離れてからヨーロッパ、米国、日本、韓国、中国を経て、そして地球を一周するかのように、サウジアラビアなど中東イスラーム世界に戻ってきた印象すらある。

サウジアラビア政府の経済発展計画「ビジョン二〇三〇」では、「サウジアラビアの三都市を世界一〇〇都市の住みやすい都市ランキング上位にランク入りさせる」、「労働力に占める女性の割合を二二%から三〇%に引き上げる」などの目標が掲げられているが、この壮大な計画を実現するためにも石油の高価格での維持は必要不可欠である。サッカー選手の「買い漁り」も「ビジョン二〇三〇」の成果を内外にアピールするという狙い、あるいは八%ぐらいの国内の失業率（ロイター）を背景に、若年層の不満をサッカーに向けるという目的もあるのかもしれない。

アメリカのバイデン政権はサウジアラビアのムハンマド皇太子が二〇一八年一〇月のカショギ記者殺害に関与したなどの理由でサウジと疎遠になったが、サウジの存在感を認めざるを得なくなっているかもしれない。しかし、サウジアラビアの現在の繁栄は量的なもので、かつてイスラーム世界が科学や学芸で世界をリードしたような質的な発展には見えないし、欧米の物量的拡大の後を追っている印象だ。

たとえば、サウジアラビアは、国営の軍需産業を二〇一七年に起ち上げ、その「サウジアラビア軍事産業（SAMI、Saudi Arabian Military Industries）」は、サウジアラビアの「公的投資基金（PIF）」が所有する企業で、二〇三〇年までに世界の軍需産業の二五位以内にランク入りすることを目指している。PIFは国内のサッカークラブを買収し、サッカー選手たちに高額な年俸を払ったり、またクリーン水素事業を起ち上げ、国内観光産業にも資金を提供したりしている。

二〇二二年七月に直接会談を行ったものの、バイデン大統領と円滑な関係ではないムハンマド皇太子はウクライナ和平会議で、いわば「世界の政治家」としてふるまった。ムハンマド皇太子には二〇一八年のカショギ記者殺害への関与に加えて、レバノンのハリーリー首相誘拐、イエメン空爆などの人権侵害を行ったというネガティブなイメージがつきまとう。バイデン政権はサウジアラビアの人権状況を問題視しつつも、二一年一一月、サウジアラビアに対する六億五〇〇〇万ドルの空対空ミサイルの売却を認めた。

中国は二〇二三年六月にデンマーク・コペンハーゲンで開かれたウクライナ和平会議には参加しなかったが、中国がサウジアラビアでの和平会議に同年八月に参加したのはアメリカへの政治的対抗意識やサウジの重要性を認めていることもあるだろう。アメリカ国内のシェール・エネルギーの開発もあって、アメリカにとってサウジアラビアはエネルギー面では一九九〇年代ほど重要ではなくなっているものの、二〇二〇年時点でアメリカはサウジアラビアの全石油輸出の七%を占め、依然としてエネルギーを介した交流は継続している。中国は、ウクライナ産穀物を黒海経由で輸出する協定をロシアが延長しないと決定した二三年七月まで、ウクライナ産穀物の最大の輸入国だった。ウクライナ和平の行方を中国が注視するのは当然と言えるが、サウジアラビアはアメリカと中国との良好な関係を維持し、両者とのバランスを考え、自国の利益を図っていくことだろう。

サウジアラビアは、アメリカが武器輸出規制などを行うたびに中国、EUやトルコに接近してきた。アメリカは新たな旗艦プロジェクト「グローバル・インフラ投資パートナーシップ（PGII）」で中国の一帯一路構想に対抗するつもりであり、サウジアラビアをはじめとする中東諸国に対する直接投資を拡大し、アメリカの主導する安全保障の枠組みの中にサウジアラビアを含めることで、サウジアラビアのイスラエルとの国交正常化を意図している。これらのアメリカの目標の中で最後のサウジアラビアとイスラエルの国交正常化は、イスラエルでパレスチナ人に対する強硬姿勢やアパルトヘイトを主張する極右を含む政権が成立したこともあって最も難しい課題といえるだろう。

イスラームから始まったアメリカの落日

中国は地理的な条件に恵まれていることもあって、石油を中東、ロシア、中央アジア、アフリカから輸入し、石油の購入先を多角化している。中東への石油依存度は全体の四〇%から五〇%と石油輸入の大半を中東に頼る日本の半分にすぎない。それにもかかわらず中国には中東地域に政治的に関わろうとする姿勢が顕著になっている。

イランとサウジアラビアは二〇一六年以来、国交を断絶していたが、両国は二三年三月一〇日、中国の仲介で国交を正常化することを明らかにし、互いに内政に干渉しないことを約束した。サウジアラビアのファイサル外相は、この正常化が地域の共存共栄や平和協力に向けたサウジアラビアのビジョンの一部であるとツイートした。

アメリカ外交ができなかったことを中国が実現したことは、中東におけるアメリカの影響力の低下と、中国のプレゼンスの拡大を示している。イランのメディアはアメリカがこの国交正常化に関与していないことを強調し、国交正常化が欧米を排除した、純然にアジア的性格をもつものであることも強調した。

中東地域では歴史的に帝国主義的な関与や軍事介入を行ってきた欧米諸国に対する反発があるが、政治に介入する姿勢がない中国の関与は少なからず歓迎されていることは間違いない。

「ニューズウィーク」（二〇二三年五月一八日）にトム・オコナーによる「中東から始まったアメリカ外交の落日」という記事が掲載された。記事の中でアメリカの元外交官のチャス・フリーマンは「アメリカは威張り散らし、脅し、威嚇し、制裁し、海兵隊を送り、爆弾を落とすのに、説得の技を使うことはない」と語っている。

核兵器のない世界に一歩近づく努力であった「イラン核合意」からアメリカのトランプ政権は一方的に離脱してしまった。イラン核合意は国際的な約束事であり、政権が交代すると国際的合意を反故にするアメリカの外交姿勢は国際社会からの信用を失うものだ。トランプ政権は理不尽にもイラン核合意で解除すると約束していた対イラン制裁を、逆に強化してしまった。バイデン政権になってもアメリカのイラン核合意への復帰、合意再建の動きは遅々として進まない。

前掲の「ニューズウィーク」の記事の中で、中国の専門家で上海外国語大学中東研究所の範鴻達（ファン・ホンター）教授は「中国は過去何十年間も、他国との紛争を積極的に引き起こすことがなかった。おかげで世界に敵はほとんどいない」と述べているが、中東イスラーム世界について言えばその通りだろう。

イスラエルとアメリカのイスラエル・ロビー、またイランを敵視するイスラエルのネタニヤフ首相は、サウジアラビアを反イラン同盟に引き入れたいと願っていたが、ネタニヤフ首相は、イランとサウジアラビアの国交正常化をもたらしたのはアメリカのバイデン大統領の弱いリーダーシップのせいだと批判した。他方、ネタニヤフ首相のライバルであるイスラエルのベニー・ガンツ前国防相はイランとサウジアラビアの国交正常化はネタニヤフ首相の好戦的態度がもたらしたものであると反論した。

アメリカはイランに対する影響力や対話の窓口をまったく喪失し、イランに対して経済制裁を科し、イランの石油輸出を極めて困難にしている。アメリカはイランとシリアに対して影響力を失い、二〇〇三年にアメリカがサダム・フセイン政権を打倒したイラクとも良好な関係にない。

イラクとオマーンはイランとサウジアラビアの国交正常化に尽力してきた。特に二〇二〇年一月にイラクのアーディル・アブドゥルマフディー首相は、イランとサウジアラビアの和解交渉のためにイランの革命防衛隊ソレイマニ司令官をバクダードに呼んだが、トランプ政権は同年一月二日、バクダード国際空港の近くでそのソレイマニ司令官をミサイルで爆殺した。また、ソレイマニ司令官とともにいたイラクの武装集団「人民動員隊」のムハンディス副司令官も一緒に死亡した。トランプ大統領はソレイマニ司令官を爆殺した後で、司令官はアメリカ人を殺すためにイラクに来たという説明を行ったが、トランプ大統領の奇異な説明とともに、この二人の殺害はイラクの反米感情をいっそう強めることになった。

サウジアラビアによるイエメンでの戦争はたびたびの停戦はあるものの、出口が見えず、またサウジが嫌うシリアのアサド政権はロシアやイランの支援もあって、打倒される見込みはない。さらに二〇一九年にサウジアラビアのアブカイク製油所は、イランかイランの支援を受けるイエメンの武装集団フーシ派によるドローン攻撃を受けた。サウジアラビアは、イランの影響がシリア、イラク、バーレーン、イエメンに及んで、その脅威によってサウジアラビアが囲まれていると考えるようになった。サウジアラビアにとって、その周辺の脅威を取り除き、安全保障を強化するためにも、イランとの国交正常化は必要なことだった。他方、イランはアメリカの制裁などによる国際的孤立から脱却する意味でも、中国を後ろ盾とするサウジアラビアとの国交正常化は願うところだった。

アメリカのイスラーム政策を批判したイギリス国王チャールズ三世

アメリカ大統領たちによるイスラーム政策とは正反対に、イギリスの新国王チャールズ三世には、イスラームに対する深い造詣と正確な現状認識がある。

二〇二三年五月六日、イギリスでチャールズ三世の戴冠式が行われた。戴冠式ではキリスト教の価値が強調され、また国王の主張によって他の世界的な宗教の教義や価値観も反映されたものになった。

チャールズ三世は、一九九三年からオックスフォード大学イスラーム研究センターの活動を支援し、様々な機会でイスラームについてスピーチを行ってきた。イスラームが世界史の中で果たしてきた役割を強調し、キリスト教、ユダヤ教、イスラームには共通性があることを訴えている。同年のオックスフォード大学イスラーム研究センターのスピーチでは、八世紀から一五世紀に至るイスラーム統治時代のスペインに触れ、イスラーム・スペインがギリシアやローマ文明の知的財産を蒐集、保存し、科学、天文学、数学、法学、医学、薬学、農業、建築、神学、音楽などの分野で貢献していたことを強調している。また、アヴィケンナ（イブン・スィーナー、九八〇～一〇三七年）やラゼス（ラーズィ、八六五～九二五年）の医学研究はその後数世紀にわたってヨーロッパが恩恵を受けていたと述べた。

これらのことは過激派のテロなどで反イスラーム感情が高まっていた二〇〇六年に行われた、エジプト・カイロのアル・アズハルでのスピーチでもあらためて強調され、ヨーロッパ世界がいかにイスラームの学者たちから恩恵を受けていたか思い起こす必要があると述べている。ヨーロッパの暗黒時代、イスラームの学者たちはヨーロッパの古典の学問的財産を継承する努力を行っていたとも語り、欧米世界の「イスラームは危険」という発想に一石を投じてもいる。

アフガニスタンのタリバンが女子教育再開を延期しているように、イスラームでは女性の人権が侵害されていると、特に欧米世界では見られがちだが、チャールズ三世はイスラームでは一四〇〇年前、つまりその生誕以来、女性に財産権や相続権を認めたことも強調したことがあった。

イラク戦争についても、アメリカのブッシュ大統領に従うイギリスのブレア首相のことを「プードル」と形容し、ブレア首相は、チャールズ三世が良好な関係を築いてきたアラブの指導者たちと十分な協議を行うべきだったと説いた。チャールズ三世が皇太子だった時代の伝記を書いたロバート・ジョブソンによれば、チャールズ三世がイラク戦争の時に国王であったならば、できる限りの反対の意思を表明しただろうと述べている。イギリス憲法では宣戦布告は国王の署名が必要とあり、チャールズ三世は母親のエリザベス二世がイラク戦争に容易に同意したのとは異なって、彼が王位にある間、イギリスの戦争については苦言を呈するかもしれないという見方もある。

チャールズ三世は、イスラームについてはアラビア語を習得して『クルアーン（コーラン）』を読み、イスラームの理解を行い、またイラク戦争に反対して、サミュエル・ハンチントンの『文明の衝突』に激しく反発した。

皇太子時代の二〇二〇年一月にパレスチナ・ベツレヘムを訪れると、チャールズ三世はパレスチナ人たちの置かれている境遇に深く同情し、将来、パレスチナ人たちに自由、公正、平等の権利が与えられることを強く望むと語った。イギリスの王族が明白にパレスチナ人たちの境遇に同情するのは初めてことだったが、パレスチナ人たちの苦難を見続けることは心が張り裂ける想いになるとも語った。

チャールズ三世は、イスラエル・パレスチナ紛争がイスラーム世界の敵意の淵源になっていると考え、パレスチナ問題の政治的解決こそが国際的テロリズムを抑制するために必要と考えている。

アメリカの大統領にチャールズ三世のようなイスラームに関する見識があれば、パレスチナ和平が進展し、アメリカなど欧米に対する暴力も減じることになるに違いない。アメリカの大統領たちにチャールズ三世のようなイスラームへの深い関心を求めることは難しいかもしれないが、アメリカに求められているのはイスラームに対する正しい理解と、イスラーム世界との理性的な交流であることは間違いない。中東イスラーム世界の不安定の背景は何か、なぜ反米感情が根強くあるか、その洞察があれば、より平和で、安定した国際社会を築くことになるだろう。

アメリカのイスラーム政策と日本

アメリカの成功しなかったイスラーム政策の背景を知る手がかりになるのは、アメリカの日本占領政策だ。二〇二三年八月にオンエアされたNHK「映像の世紀バタフライエフェクト　GHQの6年8か月　マッカーサーの野望と挫折」では文字通りマッカーサーを頂点とするGHQの戦後日本統治が紹介されていた。

ドキュメンタリーの最後では作家・坂口安吾の「妙な話だが日本の政治家が日本のため

にはかるよりも彼（マッカーサー）が日本のためにはかる方が概ね公正無私で、日本人に利益をもたらすものであったことは一考の必要があるでしょう。占領されるということが幸福をもたらすという妙な経験を日本はしたものさ」という言葉が紹介されている。

マッカーサーの退任演説は一九五一年四月一九日に合衆国議会合同会議で行われたが、有名な「老兵は死なず、ただ消え去るのみ」という一節を含む演説の中で、マッカーサーは日本について次のように語る。

戦後日本国民は近代史に記録された中では最も大きな改革を経験してきました。私は占領軍の四個師団を朝鮮戦争に送りましたが、日本に生じる力の空白については何の不安もありませんでした。結果はまさに私が苦心していた通りでした。日本ほど穏やかで秩序のある勤勉な国を知りません。また日本ほど将来人類の進歩に貢献することが期待できる国もないでしょう。

アメリカの占領統治は軍国主義のマインドコントロールを解くところから始まる。一九四五年九月二日のミズーリ号での降伏文書の調印式でマッカーサーは、「この式典を境に歴史が殺戮と血にまみれた過去から自由と正義、そして寛容の未来へと変わることを私は

心から望む。それは全人類の願いなのです。」と語っている。（「映像の世紀」より）

GHQの日本統治には二つの大きな柱があった。日本の軍国主義による戦争の手段となった軍隊の解体を含む非軍事化と、民主化である。

非軍事化では国際紛争を解決する手段として武力の行使の放棄が日本国憲法ではうたわれた。また、民主化については、マッカーサーは天皇の戦争責任を問わないで、天皇の役割を何らかの形で残しながら考えていった。そのためにGHQは天皇の地方巡幸などを実現しながら、財閥解体、農地改革、婦人参政権の付与、労働組合の結成、教育の民主化を行っていく。日本の農地改革は成功した事例として一九五九年に来日した革命家のチェ・ゲバラなども関心をもっていた。

アメリカは日本で曲がりなりにも成功した民主化、自由化をイラクやアフガニスタンでも目標にした。しかし、戦争によって実現を考えた自由や民主主義はこれら二国では達成されることなく、暴力、政治腐敗、抑圧的政治、貧困などの問題が定着していった。何よりもファシズムの駆逐を意図した日本との戦争とは異なってアメリカの中東での戦争には正当性がなく、現地住民たちが占領者である米軍に対するテロもいとわないほどの反発や憎しみを抱いた。また、中央集権による統治の伝統も、日本とは異なってイラクでは独裁体制によってもたらされ、アフガニスタンではまったく希薄だった。

米軍進駐の下で支配層は私腹を肥やすなどの腐敗が進み、アメリカが後押しする政府に求心力がまるでなかったし、女性のベール着用などイスラームの伝統的価値観に対する無理解にも現地の人々には抵抗感があった。アメリカは現在タリバンが女子教育を受けさせないと非難するが、第一章で述べたように、タリバン復権以前の米軍の進駐時代も女子教育はほとんどまったく進展しなかった。アメリカが後押しする政府が無能では政治や社会の改革は進めようがなく、アフガニスタンではタリバンの復権となり、またイラクの政府は反米的性格をもっていった。

アメリカ社会の多様性はイスラーム文化やムスリムによってもたらされ、イスラーム文化は建築ではアメリカ繁栄の象徴を造り、またムスリムがつくったアメリカの優れたポピュラー音楽は世界中の人々から親しまれ愛された。他方、少なからぬアメリカ人がルーミーなどイスラーム詩人のヒューマンな情感を愛好している。アメリカではムスリムの議員が次第に増え、また若年層はイスラーム世界にある矛盾や、パレスチナなどの人権状況に目覚めるようになった。こうしたアメリカ社会の新たな潮流はアメリカの対イスラーム観を肯定的に変化させる可能性がある。

日本にとって肝心なことは大統領の個人的な考えや嗜好によって変わるようなアメリカのイスラーム観に振り回されることなく、独自の視点や考察をもつことだ。世界最大の軍事力をもつアメリカは、その軍産複合体の利益追求とも相まって、イスラーム世界に軍事介入を行うことが今後もあるかもしれない。しかし、市民が犠牲になるような戦争に日本が関与すれば日本までも反発やテロの対象になりかねない。イスラームの人々の歴史意識は強く、いったん形成された記憶はなかなか払拭しえない。日本や日本人に求められるのはイギリスのチャールズ三世のようにイスラームの歴史や文化を知り、理解しようとする姿勢と、アフガニスタンで中村哲医師が農業のための水の供給を考え、砂漠を田畑に変えたように、民生分野にとどまって交流を発展させることだ。

グローバルサウスの国々の日本に対する親近感や敬意はアメリカのようなG7の国々と親密になれば得られるというわけでは決してない。NGOやJICAなどの真摯な活動や現地の人々との親密な交流が発展途上国では好感をもって見られてきた。日本社会の少子高齢化の進展によってさまざまな分野でイスラームの人々など外国人の活動が見られていくことだろう。アメリカのトランプ前大統領のようなイスラームフォビアやイスラームヘイトでは、日本全体のイメージも低下することは明らかだ。アメリカのイスラームとの接触や交流のあり方は、これまでイスラームとの交流が希薄だった日本人に示唆や教訓を与えるもので、イスラームが世界で最多の宗教人口になろうとしている現在、日本人一人一人の行動がイスラーム世界との関係の今後に責任を負っていることは間違いない。

【著者】
宮田律（みやた おさむ）
1955年山梨県生まれ。現代イスラム研究センター理事長。83年慶應義塾大学大学院文学研究科史学専攻修了。米国カリフォルニア大学ロサンゼルス校（UCLA）大学院修士課程（歴史学）修了。専攻はイスラム地域研究、国際政治。著書に『黒い同盟　米国、サウジアラビア、イスラエル』（平凡社新書）、『武器ではなく命の水をおくりたい　中村哲医師の生き方』（平凡社）、『オリエント世界はなぜ崩壊したか』（新潮社）、『イスラムの人はなぜ日本を尊敬するのか』（新潮新書）、『ナビラとマララ』（講談社）、『石油・武器・麻薬』（講談社現代新書）など。

平　凡　社　新　書　1　0　4　8

アメリカのイスラーム観
変わるイスラエル支持路線

発行日——2024年1月15日　初版第1刷

著者———宮田律
発行者——下中順平
発行所——株式会社平凡社
〒101-0051 東京都千代田区神田神保町3-29
電話　(03) 3230-6573［営業］
ホームページ https://www.heibonsha.co.jp/
印刷・製本—株式会社東京印書館
DTP——株式会社平凡社地図出版
装幀———菊地信義

ISBN978-4-582-86048-1

落丁・乱丁本のお取り替えは小社読者サービス係まで
直接お送りください（送料は小社で負担いたします）。

【お問い合わせ】
本書の内容に関するお問い合わせは
弊社お問い合わせフォームをご利用ください。
https://www.heibonsha.co.jp/contact/